세상을 살린 10명의 용기 있는 과학자들

다른 인스타그램

뉴스레터 구독

세상을 살린 10명의 용기 있는 과학자들

초판 1쇄 2011년 2월 28일
초판 4쇄 2024년 11월 26일

지은이 레슬리 덴디·멜 보링
그린이 C. B. 모단
옮긴이 최창숙

펴낸이 김한청
기획편집 원경은 차언조 양선화 양희우 유자영
마케팅 정원식 이진범
디자인 이성아 김현주
운영 설채린

펴낸곳 도서출판 다른
출판등록 2004년 9월 2일 제2013-000194호
주소 서울시 마포구 동교로 27길 3-10 희경빌딩 4층
전화 02-3143-6478 **팩스** 02-3143-6479 **이메일** khc15968@hanmail.net
블로그 blog.naver.com/darun_pub **인스타그램** @darunpublishers

ISBN 978-89-9711-42-5 73400

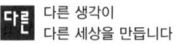

다른 생각이
다른 세상을 만듭니다

세상을 살린 10명의 용기 있는 과학자들

레슬리 덴디 · 멜 보링 | 지음
C. B. 모단 | 그림
박종원 교수 전남대 물리교육학과 | 추천
최창숙 | 옮김

다른

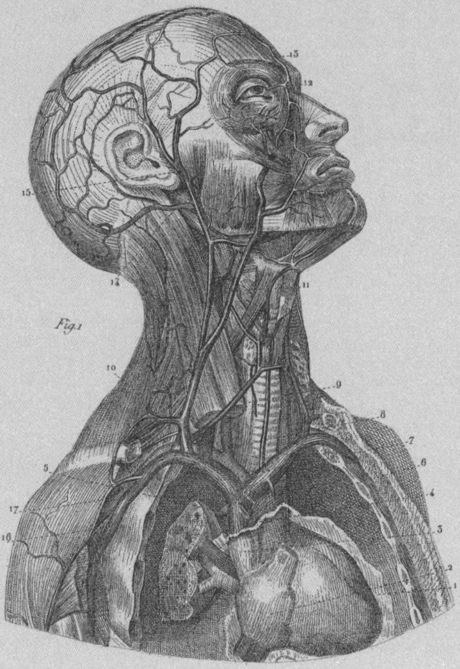

Fig.1

과학자들의 순수한 열정과 꿈에 감동받을 만한 책

박종원 교수
전남대학교 물리교육학과

만일 여러분이 프랑스 국립도서관에 보관된 마리 퀴리의 연구 기록을 보려면, 그 자료에서 나오는 방사능으로 어떠한 손상을 받더라도 도서관을 고소하지 않겠다는 서명을 해야 한다. 그만큼 마리 퀴리는 방사능 속에 파묻혀서 연구를 수행했다. 마리 퀴리는 왜 방사능으로 손에 화상을 입고 결국에 백혈병으로 죽게 될 만큼 위험한 연구를 계속했을까? 다니엘 카리온은 어쩌자고 치명적인 줄 알면서도 병원균을 자신의 몸에 접종하여 결국 죽음에 이르게 되었을까?

현대에 사는 우리 어린이들에게 이 책에 나오는 10명의 과학자들의 이야기를 들려주면 위와 같은 질문들을 할지도 모르겠다. 어쩌면 이 과학자들이 어리석다고 얘기할 수도 있다. 우리 학생들은 과학을 공부하면서 과학자가 되려고 하기도 하고, 과학자가 되어서 새로운 발명과 발견을 하여 노벨상을 꿈꾸기도 할 것이다. 그러나 새로운 발견이나 발명 또는 노벨상이 만일 자신의 몸을 희생해야 하거나 나아가 죽음을 각오해야 하는 일이라면 쉽게 하려 하지 않을지도 모른다. 그렇다. 새로운 발명이나 노벨상을 이유로 자신의 몸을 희생하는 것이 쉬운 일은 아니다. 그렇다면 이 책에 나오는 10명의 과학자들은 왜 자신을 실험 대상으로 삼을 정도로 무모했고, 치명적인 고통이나 죽음까지도 두려워하지 않았을까?

그것은 마리 퀴리가 아스피린 1/3 정도 분량의 라듐을 추출하기 위해 원광석을 1만 번 이상 끓이고 식히는 일을 45개월간 하루도 잊지 않고 할 정도로 자연의 비밀을 밝히고 싶은 순수한 열정 때문은 아니었을까? 다니엘 카리온과 같이 페루사마귀병의 비밀을 밝힘으로써 수백 년간 페루 사람들을 괴롭혔던 병을 해결할 수 있다는 인류애적인 꿈 때문은 아니었을까? 나는 이 책을 읽는 동안 이러한 자연에 대한 순수한 열정이나 자신의 연구로 수많은 사람을 구할 수 있다는 꿈을 잊고 살았던 것이 아닌가 하는 생각이 들었다. 그래서 나는 여기 10명의 과학자들에게 머리가 숙여지지 않을 수 없었다. 그런 의미에서 나는 이 책을 우리 어린이들에게 적극 추천하고 싶다.

얼마 전 생명에 관한 다큐멘터리 프로그램에서 자기 복제를 통해 영원한 삶을 유지하는 하등 동물을 본 적이 있다. 그리고 생물들이 자손을 남기고 죽음으로써 자신이 속한 종의 진화를 유지하는 과정도 보았다. 결국 영원한 삶을 위해서 진화를 포기한 경우와, 죽음을 받아들임으로써 종의 진화를 가능하게 한 경우를 비교할 수 있었다. 문득 이 책의 10명 과학자들이 바로 우리의 자연에 대한 이해와 삶을 진화시킨 장본인이라는 생각이 들었다.

이제 어린이들이 이 책을 읽으면서 10명의 과학자들을 어리석다고 비판하기보다는 그들의 순수한 열정과 꿈에 감동받기를 기대해 본다.

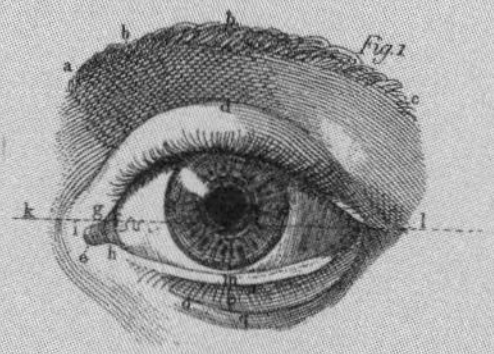

Fig. 1

차례

머리말

여러분이 시속 800km의 속도로 제트비행기를 몰고 까마득히 높은 구름 위를 날아가고 있다고 상상하자. 그때 적군의 공격을 받게 된다. 여러분의 비행기는 땅으로 추락한다. 비행기는 구할 수 없지만 여러분 자신을 구할 방법이 아직 남아 있다. 여러분의 다리 사이에 놓인 비상탈출 핸들을 양손으로 힘껏 잡아당기는 것이다. 그러면 조종석에 설치된 카트리지가 폭발하고 이때 생긴 압력으로 좌석이 통째로 비행기 밖으로 솟구친다. 여러분은 조종석에 벨트로 묶인 채 살을 에일 듯 추운 대기 속으로 튕겨질 것이다. 그 힘이 너무나 세서 뼈가 부서질 지경이다. 여기까지는 무사히 통과했다. 그런데 헬멧과 안전벨트가 여러분의 몸을 충분히 감싸 안아 보호할 수 있을까? 솟구쳐 올라간 후에 여러분의 몸에 묶인 안전벨트를 풀고 낙하산이 펼쳐질 때까지 살아남을 수 있을까?

'세상에서 가장 빠른 사람' 존 폴 스탭 대령 덕분에 오늘날의 비행사들은 50년 전의 비행사들보다 살아남을 확률이 훨씬 높아졌다. 스탭은 자신의 몸에 실험한 수많은 과학자 중의 한 사람이다. 이렇게 자신의 몸에 실험을 한 과학자들은 '기니피그 과학자'라고 불린다. 기니피그가 의학 분야에서 동물실험에 자주 쓰인다는 점에서 이 과학자들이 이렇게 불리는 것이 그리 놀랄 일은 아니다.

역사가 시작된 이래 새로운 음식, 약초, 치료법을 자신에게 실험해 본 사람들은 무수히 많았다. 아마 여러분도 분명히 자신에게 실험을 해 본 적이 있을 것이다. 새로 나온 스포츠음료, 에너지바, 다이어트 식품을 먹어본 적이 있을 것이다. 기니피그 과학자들도 사실 우리와 그리 다르지 않았다. 단지 매우 철저하고 아주 많은 경험을 갖고 있었다는 것뿐이다. 그래서 이 책을 시작하기 전에 여러분에게 경고를 한마디 하겠다. 절대 여러분 자신의 몸에 실험하지 말라. 평생 회복할 수 없을 정도로 다치거나 죽을 수도 있다. 인체 실험은 자신의 분야에서 오랫동안 연구하고 실험 계획을 전문가들에게 상의할 수 있는 과학자들에게 맡겨라. 과학자들은 자신의 실험에 대해 철저히 사전 준비를 하고 또 실험하는 동안 꼼꼼히 상황과 실험 결과를 기록한다는 점을 명심하라.

우리에게 알려진 가장 역사가 오래된 자기 인체 실험 보고서는 산토리오 산토리오라는 이탈리아 의학자가 400년 전에 남겼다. 산토리오는 병들었을 때와 건강할 때 체중의 증감을 알아보기 위해 30년 동안 자신의 몸무게, 자신이 먹은 음식과 음료, 배설물의 무게를 쟀다. 그의 실험은 위험하지 않았지만, 다른 기니피그 과학자들은 가스 때문에 질식하거나, 마비되거나, 전기쇼크를 받았다. 목이 졸렸을 때의 상처 흔적을 경찰에게 보여주기 위해 노끈으로 자신의 목을 조른 과학자도 있었다. 자신의 몸에 병균을 주사하거나 먹음으로써, 또는 감염된 진드기, 이, 체체파리에 일부러 물림으로써 스스로 병에 걸리게 하기도 했다. 독약이나 방사성 물질을 삼킨 과학자들도 있었고, 과학 '모험'을 하다가 경련, 심장 이상, 골절 때문에 고생한 과학자들도 많았다. 심지어 어떤 과학자는 자기 인체 실험 도중에 죽음을 맞기도 했다.

자신을 인체 실험한 과학자들은 동물도 실험에 이용했을까? 수백 년 동안 의학 연구자들은 쥐, 기니피그 같은 동물을 대상으로 미리 실험을 해 보았다. 동물실험은 새로운 백신 개발에 꼭 필요한 과정이었다. 조건이 맞지 않으면 백신이 사람을 죽일 수도 있기 때문이다. 더욱이 정부기관에서 인체 실험을 하기 전에 동물실험을 요구하는 경우가 종종 있었다.

1700년대의 과학자들은 동물이 고통을 느끼지 않는다고 배웠다는 사실을 안다면 동물실험이 꽤나 잔인하게 들릴 것이다. 물론 이 생각은 나중에 변했고, 동물실험을 할 때 지켜야 할 윤리에 대해 논쟁하기도 했다. 현대의 과학자들은 많은 동물들이 고통을 느낀다고 확신한다. 1900년대에 실험동물에게 고통을 주지 않는 방법들이 권장되기 시작했다. 오늘날 과학자들은 동물실험을 완전히 대체하기 위해 연구 중이다.

그러나 인체 실험은 앞으로도 여전히 필요할 것이다. 사람들은 암, 심장병, 에이즈, 척추 손상 등의 심각한 질병에 대한 치료법을 요구한다. 끊임없이 새로 발생하는 전염병을 막기 위해서는 백신이 필수적이다. 해마다 전 세계에서 사람을 대상으로 하는 실험이 수천 가지 진행되고 있다. 수많은 사람이 치료법을 찾기 위한 실험에 지원하겠지만, 때때로 용감한 과학자들이 가장 먼저 실험 대상이 되겠다고 앞으로 나설 것이다.

왜 과학자들은 계속해서 자신의 몸에 실험을 하는 것일까? 대부분의 과학자는 우리의 몸이 어떻게 정상적으로 기능하는지 그리고 왜 병에 걸리거나 다치는지 알고 싶은 호기심에 이끌리기 때문이다. 자신의 몸에 실험함으로써 과학자들은 그 답을 얻어내고 있다. 그들은 자신의 전문 분야에 도사린 위험성을 훨씬 잘 알고 있다. 때로 자신들의 환자뿐만 아니라 많은 사람들이 더 나은 삶을 살기를 희망한다. 자신의 몸에 실험한 과학자들 덕분에 심장 이상, 궤양, 혈액 질환에 대한 획기적인 치료법이 개발될 수 있었다. 또한 광견병, 콜레라, 전염병의 백신을 자신의 몸에 접종한 과학자들 덕분에 우리의 삶은 훨씬 안전해졌다. 그들 덕분에 고통 없이 외과 수술도 받을 수 있게 되었다.

이 책의 각 장은 과학자들의 성공 뒤에 가려진 이야기뿐만 아니라 비극적인 실패를 통해 의학과 과학에 공헌해 왔음을 보여줄 것이다. 여러분은 오븐처럼 뜨거운 방에서, 로켓썰매에서, 외로운 동굴에서, 고압실에서 이들 기니피그 과학자들과 마주보고 있는 느낌이 들 것이다. 과학자들이 옛날에 그곳에서 어떤 일이 있었는지 여러분에게 자세히 이야기를 들려줄 것이다.

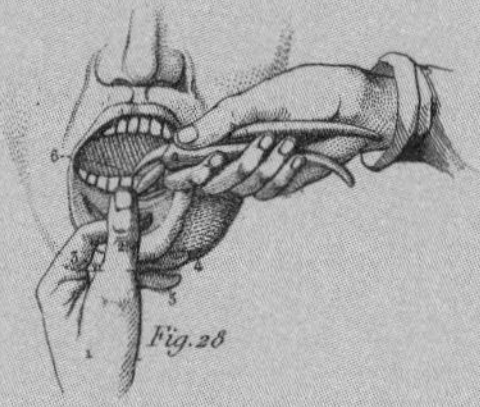
Fig. 28

조지 포다이스 1736~1802

영국의 내과 의사로서 열에 대한 전문가였다.

영국 왕립 자연과학 학회와 왕립 내과 의사 협회의 회원이었다.

통구이가 될 뻔한 영국신사들 1

온도 실험

오늘날 온도계는 벽에 걸어두고 방의 온도를 재는 것부터 체온계, 오븐 온도계 등 다양한 용도로 사용되고 있다. 그러나 1770년대에 온도계는 일상적으로 쓰는 물건이 아니라 아직은 과학자들의 장난감이었다. 미국의 독립전쟁에서 활약한 벤 프랭클린 같은 과학자들이 막 온도계로 실험을 시작하는 단계였다. 사람 몸의 내부는 여전히 신비에 싸여 있었다. 당시의 과학자들은 사람의 몸에 섭씨 36.7도의 온기가 있음은 알았지만, 무엇이 이 체온을 유지하는지 그리고 우리의 몸이 뜨거운 열에 어떻게 반응하는지 몰랐다. 예를 들어 사람이 스테이크를 구울 정도로 뜨거운 열에 노출된다면 무슨 일이 벌어질까?

화씨와 섭씨 온도계

포다이스의 실험에 쓰인 온도계는 화씨(℉)로 눈금이 표시되었는데, 오늘날 과학자들은 섭씨 온도계(℃)를 쓰고 있다. 물은 100℃(212℉)에서 끓고 0℃(32℉)에서 언다.

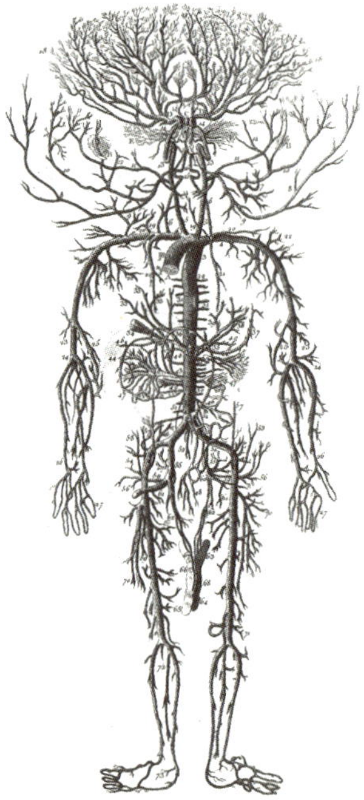

1762년 프랑스에서 그려진 이 혈관 분포도에서 알 수 있듯이, 포다이스가 살던 시대의 유럽 과학자들은 풍부한 해부학 지식을 갖고 있었다. 하지만 그들은 이 모든 기관이 어떻게 작용하는지를 알지 못했다. 예를 들어 뜨거운 방에서는 왜 심장이 더 빨리 뛰고 핏줄이 불거져 나오는지 몰랐다.

: 뜨거운 방에 들어가다

열에 대한 인체의 반응을 알아내고자 한 과학자가 있었는데, 그가 바로 영국의 내과 의사 조지 포다이스였다. 그는 환자를 치료하기보다는 학생을 가르치거나 연구하는 것을 더 좋아했다. 그는 놀라운 기억력을 갖고 있었고, 농업, 소화, 원광석, 근육 운동, 진자 등 다양한 분야에 흥미를 느꼈다. 포다이스는 특히 열에 관심이 많았는데, 열을 이용해 환자를 치료하는 새로운 방법을 발견하고자 했다.

사람은 얼마나 높은 열을 견딜 수 있을까? 38세가 되었을 때 포다이스는 그것을 알아내기 위해 자신의 몸에 먼저 실험해 보기로 결심했다. 그는 증기가 뿜어져 나오는 작은 방에서 자신의 몸을 서서히 뜨겁게 하는 것으로 실험을 시작했다. 어느 겨울날에는 후끈 달아오른 증기실에서 35분을 보냈는데, 섭씨 32℃에서 5분, 43℃에서 10분, 49℃에서 20분을 버텼다. 그는 오직 셔츠 하나만을 입고 바닥의 열기에 발이 데지 않도록 천으로 끈을 단 나무 샌들을 신고 있었다.

방의 온도가 43℃로 올라가자 몸에서 흘러내린 땀으로 바닥이 흥건해졌다. 그는 땀으로 범벅이 된 셔츠를 벗어던졌다. 49℃가 되자 심장 박동수는 평상시보다 2배가 빠른 1분에 145회가 뛰었다. 또한 핏줄이 불거져 나오고 피부가 온통 발그스름하게 변했다. 그리고 엄청난 더위가 들이닥쳤다.

그 순간 포다이스는 증기실 밖으로 뛰쳐나왔다. 그는 옆방의 미지근한 욕조에 몸을 한참 담근 후에야 칼바람이 몰아치는 바깥으로 나왔다. 휠체어를 타고 집으로 돌아왔지만 혈액 순환은 2시간 후에야 정상으로 돌아왔다.

포다이스는 찜질이 아니라 열을 견디는 실험이 목적이었으므로 견딜 수 있을 때까지 방의 온도를 계속 올렸다. 56℃가 될 때까지 증기실에서 실험을 여러 차례 거듭했다. 온도계를 혀 밑에 넣어 보니 체온은 방의 온도와 상관없이 평상시보다 약간 높은 37.8℃ 위로 결코 오르지 않았다. 오줌의 온도 역시 37.8℃에 머물렀다.

포다이스는 방의 온도를 훨씬 더 올리기 위해 증기 대신에 난로를 사용하기 시작했다. 그는 창문이 없어 건조한데다가 조개탄 난로를 들여놓을 수 있는 작은 방을 발견했다. 그 방에서 뜨겁고 습한 공기보다 뜨겁고 건조한 공기에서 더 잘 견딜 수 있다는 사실을 알아냈다. 그는 온도를 조금씩 계속 올리고 방을 들락날락하면서 실험을 계속했다.

1774년 1월에 포다이스는 방의 온도를 93℃까지 올리기로 하고, 이 뜨거운 방에 4명의 신사를 초대했다. 그중 25살의 찰스 블랙던은 당시 영국에서 가장 권위가 있는 과학단체인 런던 조지프 뱅크스와 다니엘 솔란데르는 용감한 탐험가이자 식물학자이며 좋은 친구들이었다. 이 그림은 뜨거운 방에서 실험을 하고 4년이 흐른 1778년에 그려졌다.

왕립학회의 서기였다. 영국 해군과 함께 탐험을 하던 콘스탄틴 핍스 선장도 초대받았다. 나머지 두 신사는 젊은 식물학자인 영국인 조지프 뱅크스와 스웨덴인 다니엘 솔란데르였다.

당시는 생물체가 견딜 수 있는 열기가 어느 정도인지 누구도 확신할 수 없는 시대였지만, 이 신사들은 위험하다고 생각하지 않았던 게 분명하다. 초기의 실험 결과는 어긋났다. 많은 수생동물이 한여름 날씨 정도인 37.8℃에서 죽었다. 새와 네발 달린 동물들은 65℃에서 죽었다. 한편으로 러시아 사람들은 71℃까지 온도를 올린 방에서 증기욕을 즐겼다. 몇몇 실험에서 사람이 100℃로 가열된 방이나 심지어 107℃의 오븐에서 수분 동안 견딜 수 있다는 사실을 알아냈다.

조지프 뱅크스와 다니엘 솔란데르는 이 실험에 참가하기 직전에 제임스 쿡 선장과 함께 전 세계를 탐험했다. 그들은 항해 동안 800여 종의 새로운 식물을 채집했다. 배가 난파된 뉴질랜드에서는 마오리족의 공격을 받았고 또 수많은 동료를 전염병으로 잃었다. 이런 까닭으로 이 신사들은 뜨거운 방에서 위험에 빠질 수도 있다는 사실이 오히려 흥미진진하게 들렸을 것이다. 그리고 아마도 1743년 7월 중국의 베이징에서 11,000명이 불볕더위 때문에 희생되었다는 뉴스를 듣지 못했을 것이다. 더위 때문에 사람이 죽을 수도 있다고 짐작도 못 했던 것이 분명하다.

왕립학회의 서기 찰스 블랙던은 "일반적으로 살아 있는 생물체가 견딜 수 있다고 생각되던 것보다 훨씬 뜨거운 공기의 영향을 관찰하기 위한" 포다이스의 실험에 참가하고 난 뒤에 보고서를 작성했다. "우리 모두 이런 기회가 온 것을 기뻐했다"라고 그는 썼다.

포다이스와 신사들은 옷을 제대로 차려입고 뜨거운 방 안으로 들어갔다. 실험이 시작된 오후 2시에 온도계의 수은주는 65℃를 가리키고 있었다. 그들은 방의 온도가 72℃로 올라갈 때까지 20분간 머물렀다. 잠깐 휴식을 취한 뒤에 다시 방으로 돌아왔다. 한 번 더 쉰 뒤에 놀라운 일이 벌어졌다.

살아 있는 은

'퀵 실버'는 수은을 부르는 오래된 이름이다. '퀵'은 '살아 있음'을 뜻한다. 이 은백색의 금속은 한 곳에서 다른 곳으로 흐르기 때문에 마치 살아 있는 것처럼 보인다. 수은은 열을 가하면 팽창하는 성질이 있다. 따라서 외부 온도가 올라가면 온도계의 유리관 안에 들어 있는 수은이 올라가는 것이다.

"하나 남은 온도계의 수은주가 92℃를 가리켰다. 상아로 만든 온도계들은 뜨거운 열기로 인해 뒤틀리면서 모두 깨져 버렸다." 블랙던은 보고서에 이렇게 썼다.

숨을 들이쉴 때마다 뜨거운 공기에 콧구멍을 데었지만 92℃에서 10분 동안 머물렀다. 신사들은 얼굴이 그대로 노출되고 발에 얇은 양말을 신었을 뿐이다.

블랙던은 보고서에서 "얼굴과 다리가 타들어 가는 듯 느껴지자 불안해졌다"라고 썼다.

방 안의 금속제 물건은 물론이고 시곗줄조차 너무 뜨거워서 만질 수 없었다. 신사들은 몸에 힘이 빠지고 손이 떨려 왔다. 블랙던은 현기증이 들고 귀에서 이명이 들렸지만 가까스로 자신의 체온을 쟀다. 놀랍게도 여전히 36.7℃였다! 그는 손으로 피부를 만져 보았다.

"내 몸에 손을 대어 보니 시체처럼 차가웠다"라고 블랙던은 적었다. 물론 그의 몸은 여전히 따뜻했지만 오븐 속에 들어 있는 듯한 공기에 비해 서늘하게 느껴진 것이다.

신사들은 자신들이 내뿜는 입김조차 방의 공기보다 훨씬 차갑다는 사실에 놀랐다. 입김으로 인해 온도계의 수은주가 내려갔다. 신사들은 입김을 불어 손가락의 열을 식히고 숨을 내쉬어 콧구멍을 시원하게 했다.

실험이 끝나고 신사들은 뜨거운 방을 나와 얼음이 꽁꽁 언 1월의 공기 속으로 걸어 나갔다. 빨라진 심장박동과 떨리던 두

손은 이내 정상으로 돌아왔다. 4명의 신사들은 자신들이 해냈다는 사실에 기뻐했다. 뜨거운 여름날보다 무려 38도가 높은 온도를 견뎌 낸 것이다.

체온은 여전히 36.7도!

포다이스는 아직 만족하지 못했다. 그는 또 다른 실험을 계획했다. 그는 하루 전부터 온도를 더 높이 올려 줄 난로를 마련했다. 그는 새로운 실험에 이전에 초대한 네 신사와 더불어 시포스 경, 조지 홈 경, 던대스 씨, 존 머빈 누스 박사를 더 초청했다. 찰스 블랙던은 두 번째 보고서 「고온의 방 안에서」에 이 실험의 결과를 기록했다.

누스 박사는 그 무렵 자신의 첫 발명품인 탄산소다 기계를 만드느라 무척 바빴다. 하지만 이 기계의 냉기를 유지해 줄 차가운 소다가 없어 문제에 부딪혔다. 최초의 소다수 공장은 15년 뒤에 세워졌기 때문이다.

신사들은 아침부터 밤까지 뜨거운 방에 교대로 들어갔다. 때때로 장갑을 끼고 무릎 위까지 올라오는 두꺼운 모직 양말을 신고 들어갔다. 또 어떤 때는 코트, 조끼, 셔츠를 벗고 팔과 몸통을 완전히 드러낸 채 들어갔다. 화상을 입지 않기 위해 천 조각을 갖고 들어갔다.

왕립학회의 서기 찰스 블랙던은 뜨거운 방 안에서 한 실험에 참여한 후에 공식적인 보고서를 2편 제출했다. 이 그림은 실험을 한 10년 뒤인 1784년에 그려졌다.

방에는 종이로 난로의 열을 막은 커다란 온도계를 비롯해 온도계 여러 개를 걸어 두었다. 온도계는 104℃, 113℃, 나중에는 127℃까지 올라갔다. 온도계가 제대로 작동하는지 그리고 열이 얼마나 높은지 확인하기 위해 신사들은 생고기와 날달걀도 갖고 들어갔다. 20분이 되자 달걀 여러 개가 완전히 구워졌다. 33분 후에 고기 한 덩이가 바싹 익었다. 그들이 풀무로 다른 고기에 뜨거운 공기를 부채질하자 고기는 30분 만에 익어 버렸다. 와인은 끓어오르더니 완전히 증발되어 버렸다.

뜨거운 방에 들어간 신사들은 어떻게 되었을까? 신사들은 어느 때보다 심한 더위를 느꼈다. 옷을 벗고 돌아다닐 때 특히 더웠다. 그들은 풀무로부터 뿜어져 나오는 뜨거운 공기를 참을 수가 없었다. 땀이 비 오듯 하고 기진맥진했다.

마침내 찰스 블랙던이 제대로 옷을 갖춰 입고 127℃까지 온도가 올라간 방 안으로 들어갔다.

들어간 지 7분이 되자 블랙던은 "심장이 조여 오기 시작했고 불안감이 들었다. 1분이라는 짧은 시간 동안 이런 기분은 점차 커져 갔고 실험을 끝내는 게 옳겠다는 생각이 들자마자 즉시 방에서 나왔다."

방에서 빠져나온 후에 블랙던의 심장은 평소보다 2배나 빨리 뛰었다. 하지만 체온은 여전히 36.7℃를 넘지 않았다. 블랙던이 기침할 때 폐에서 나온 점액은 수분이 많고 짠맛이 났지만, 통구이가 될 뻔했던 포다이스와 신사들 모두는 다시 건강을 되찾았다.

이 신사들보다 수세기 전에 네덜란드의 과학자 부르하버는 체온이 피가 흘러 나가는 정맥 혈관에 부딪치는 '혈구' 로부터 나온다고 주장했다. 손이나 기구 조각을 빨리 마찰시키면 열이 발생하는 것처럼 말이다. 그러나 포다이스의 실험은 그것이 잘못되었음을 증명했다. 사람의 심장은 놀라운 속도로 동맥을 통해 인체 곳곳에 피를 전달하지만 사람의 몸은 절대 내부에서 과열되는 법이 없었다.

더울 때 왜 얼굴이 빨개질까?
우리 몸의 체온은 간뇌에 위치한 시상하부에서 조절한다. 공알 크기만 한 시상하부는 체온을 항상 일정하게 유지하는 기능을 한다. 더울 때는 땀을 흘리고 혈관을 확장시켜 열을 외부로 발산해 체온을 내린다. 또한 열을 발산하기 위해 평소보다 굵어진 혈관이 피부를 통해 비춰지면서 피부가 발그스름하게 변한다. 뜨거운 방에 들어간 포다이스의 피부가 벌게진 것은 이 때문이다.

사람은 왜 스테이크처럼 익지 않을까?

사람은 왜 스테이크처럼 바싹 익지 않았을까? 그 비밀은 바로 땀에 있다. 사람의 피부에서 수분이 증발할 때 물 분자는 몸의 열을 흡수해 공기 중으로 내보낸다. 이때 우리의 몸이 차가워지는 것이다. 사람은 1시간에 12컵의 땀을 흘릴 수 있다. 공

기가 건조하면 땀은 더욱 빨리 증발되어서, 우리 눈에 보이지 않지만 훨씬 더 위험에 빠질 수 있다.

찰스 블랙던은 건조하고 뜨거운 공기에 노출된 지 5분 후 땀이 나기 시작하면서 피부가 곧바로 차가워지는 느낌이 들었다는 사실에 주목했다. 포다이스는 고온 다습한 공기 속에서는 땀이 증발될 수 없기 때문에 증기로 가득한 뜨거운 방에서 체온을 유지하기가 훨씬 어렵다는 사실을 알아냈다.

포다이스는 강아지를 대상으로 또 다른 실험을 감행했다. 그는 강아지를 32분 동안 105℃에서 시작해 113℃까지 온도를 올린 방에 놔두었다. 강아지가 뜨거운 마룻바닥에 데지 않도록 바구니에 넣었고 종이로 난로에서 나오는 복사열을 막았다. 개는 땀을 흘리지 않는다. 이 강아지에게 무슨 일이 벌어졌을까?

강아지는 혀를 길게 늘어뜨리고 헐떡거렸다. 실험 참가자들이 땀을 쏟아낸 것처럼 강아지는 바구니 안에 침을 뚝뚝 떨어뜨렸다. 침이 혀와 목구멍으로부터 증발하면서 강아지의 체온을 떨어뜨렸다. 강아지는 "실험 시간 내내 별다른 영향을 받지 않았다. 사람들이 바구니 주변으로 다가갈 때마다 꼬리를 흔들어 반가움을 표시했다." 뜨거운 방에서 나온 강아지는 "조금도 지친 기색 없이 여기저기 뛰어다녔고 생생해 보였다."

신사들과 강아지는 운이 좋았음에 틀림없다. 만약 그들이 뜨거운 방에 더 오래 머물렀더라면, 또는 가만히 있는 대신에 몸을 움직였더라면, 또는 몸에 땀으로 배출할 만한 수분(또는 침)이 충분하지 않았더라면 뇌 속의 체온을 조절하는 중추가 멈추었을 수도 있다. 그랬다면 몸은 점점 더 뜨거워졌을 것이고 결국 스테이크처럼 "바싹 익어 버렸을" 수도 있다. 다행히 신사들은 살아남아서 과학 연구를 계속할 수 있었다.

뜨거운 방을 연구하던 과학자들은 뜨거운 방이 환자들의 치료에 도움이 되기를 바랐다. 부기가 오른 환자들이 뜨거운 방에 들어가면 불필요한 액체를 몸 밖으로 배출할 수 있지 않을까 생각했다. 하지만 이 실험은 의학 분야에 완전히 다른 영향을 미쳤다.

오랜 옛날부터 병이 들면 몸에 열이 난다는 사실을 사람들은 잘 알고 있었다. 그러나 초기의 온도계는 조잡해 믿을 것이 못 되었기에 1700년대의 의사들은 환자의 열을 재지 않았다.

열이 나는 병

열이 몹시 오르고 심하게 앓는 열병으로는 성홍열, 흑수열, 로키산 홍반열, 쥐물음증 등이 있다. 질병을 일으키는 바이러스나 몸의 백혈구 세포가 만들어 내는 화학물질이 뇌의 체온 조절 중추에 영향을 주면 체온은 몇 도 올라가게 된다. 열이 나면 기분이 좋지 않지만, 미열은 때로 신체의 면역 체계가 전염병과 싸워 이기는 데 도움을 준다.

게다가 뜨거운 열대 지방에 사는 사람들은 꽁꽁 언 북극 지방에 사는 사람들보다 몸이 더 뜨거울 것이라고 생각되었다. 타고난 성격 역시 체온을 결정하는 데 중요한 요인이라고 생각했다. 곧잘 흥분하는 사람들은 '뜨거운 피'를 가진 반면, 냉혈한은 '차가운 피'를 가졌다고 믿었다. 이런 논리대로라면, 체온은 기후와 성격에 의해 정해지는 것이지 건강의 문제는 아니었다. 그렇다면 의사들은 어떤 용도로 온도계를 썼을까?

조지 포다이스의 실험은 이러한 생각들이 틀렸음을 보여 주었다. 그의 실험 결과는 뜨거운 방의 효력을 알아낸 매튜 돕슨처럼 다른 과학자들에 의해서도 증명되었다. 실험에 참가한 사람들의 체온은 모두 36.7℃를 유지했고 아무리 통구이하듯 불을 지펴도 조금도 바뀌지 않았다.

이러한 새로운 지식을 알게 된 1800년대의 의사들은 환자들에게 나타나는 체온 변화를 보다 자세히 관찰했다. 의사들은 수백만 번이나 환자의 체온을 쟀다. 물론 온도계는 여전히 크고 조악한데다가 겨드랑이 사이에 20분을 끼고 있어야 했다. 몸의 열이 세균이나 바이러스에 의한 감염의 징후라는 사실도 알게 되었다. 때때로 열은 암이나 알레르기 반응, 신장결석이나 다른 질병들에 의해서도 나타난다. 의사들은 열이 오르내리는 상태를 관찰해 환자가 어떤 병을 가지고 있는지, 병이 얼마나 진행되었는지, 또 어떻게 치료할 수 있을지를 결정했다. 몸의 열은 병을 진단하는 중요한 단서로 여겨졌다.

오늘날 의사나 간호사, 부모에게 환자의 체온 측정은 반드시 해야 할 과정이 되었다. 그러니 누군가 여러분에게 "혀 밑에 체온계를 넣어 주세요"라고 말하면, 통구이가 될 뻔한 8명의 영국 신사와 1명의 스웨덴 신사를 떠올려 보라.

이제는 알아요!

■■ 열은 분자들의 무질서한 운동이 활발해지면서 온도가 올라가는 것이다. 따라서 생물체의 온도는 그것을 이루는 분자들이 정상적인 속도로 운동하고 있는지를 알려 주는 신호다. 운동 속도가 빠를수록 열이 높아진다.

■■ 건강한 사람(18살부터 40살까지)의 정상 체온은 36.7℃다. 체온은 키처럼 사람마다 조금씩 다르지만 보통 36.4℃에서 37.2℃ 사이에 해당되므로 딱 평균치를 취한 것이다. 독일의 내과 의사 카를 분더리히(1815~1877)는 1868년에 펴낸 책에서 37℃를 정상 체온이라고 말했다. 하지만 오늘날보다 정확하지 않은 겨드랑이 체온계로 쟀다는 점을 감안해야 한다. 물론 분더리히도 건강한 사람들의 체온이 조금씩 다르다는 사실을 알고 있었기에 37℃를 '완벽한' 정상 체온이라고 생각하지 않았다.

■■ 건강한 사람의 체온은 나이에 따라(어린이의 체온은 대개 성인보다 높음), 성별에 따라(여성의 체온은 남성보다 약간 높음), 시간대에 따라(오후 6시 무렵이 가장 높음) 달라진다.

■■ 체온을 재기에 가장 적합한 신체 부위는 뇌 속에서 혈액 온도를 조절하는 '체온 조절 중추' 부근이다. 그러나 그곳의 온도를 재기가 어려우므로, 대신 체온계를 입 안, 겨드랑이, 항문, 귀에 넣어서 잰다. 전문가들도 어느 부위의 체온이 가장 신빙성이 있는지 여전히 논의하는 중이다.

■■ 우리 몸을 따뜻하게 하려면 탄수화물, 지방, 단백질 같은 음식물을 먹음으로써 계속 열에너지를 만들어야 한다. 음식은 우리 세포 속에 들어 있는 미토콘드리아에서 태워져 열로 바뀐다. 소시지 모양의 알갱이인 미토콘드리아가 세포의 발전소 역할을 하는 것이다.

■■ 우리가 먹은 음식의 절반은 열(에너지)로 바뀐다. 나머지는 근육 운동, 생각, 성장 같은 일을 하는 데 쓰이고 있다.

■■ 땀은 공기가 땀을 증발시킬 정도로 건조할 때 사람의 몸을 식혀 준다. 조지 포다이스와 친구들은 건조한 공기 안에서 127℃까지 견뎌냈다. 그러나 습한 공기 속에서는 대부분 50℃를 버티지 못한다.

■■ 지나치게 높은 열은 생명까지 위험하게 할 수 있다. 특히 모든 세포를 구성하는 복합 단백질 분자를 손상시키기 때문에 아주 위험하다. 달걀이나 고기 같은 단백질이 풍부한 음식을 익혔을 때 어떤 일이 일어나는지 생각해 보라. 뇌세포는 41℃나 42℃보다 뜨거워질 경우에 파괴될 수도 있다.

■■ 열사병은 몸의 열을 발산하지 못해 생기는 병이다. 고온 다습한 곳에서는 몸의 열이 발산되지 못하므로 체온이 급격히 올라가기 때문이다. 군인, 광부, 더운 곳에서 훈련하는 운동선수, 사우나에서 쉬는 사람들, 그리고 물이 부족한 사막 여행자들은 열사병을 각별히 조심해야 한다.

■■ 매년 더위 때문에 수백 명에서 수천 명이 죽음에 이르고 있다. 2003년 8월 프랑스에서는 엄청난 불볕더위로 인해 15,000여 명이 사망했는데, 대부분이 노인이었다.

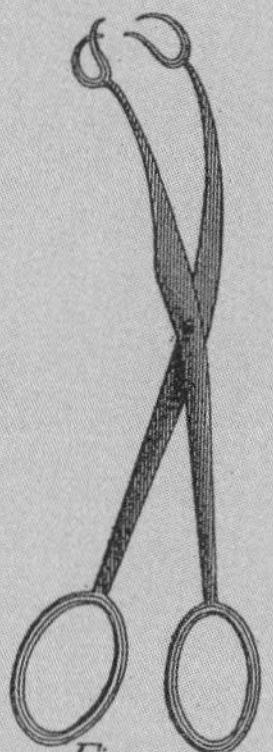
Fig. 12

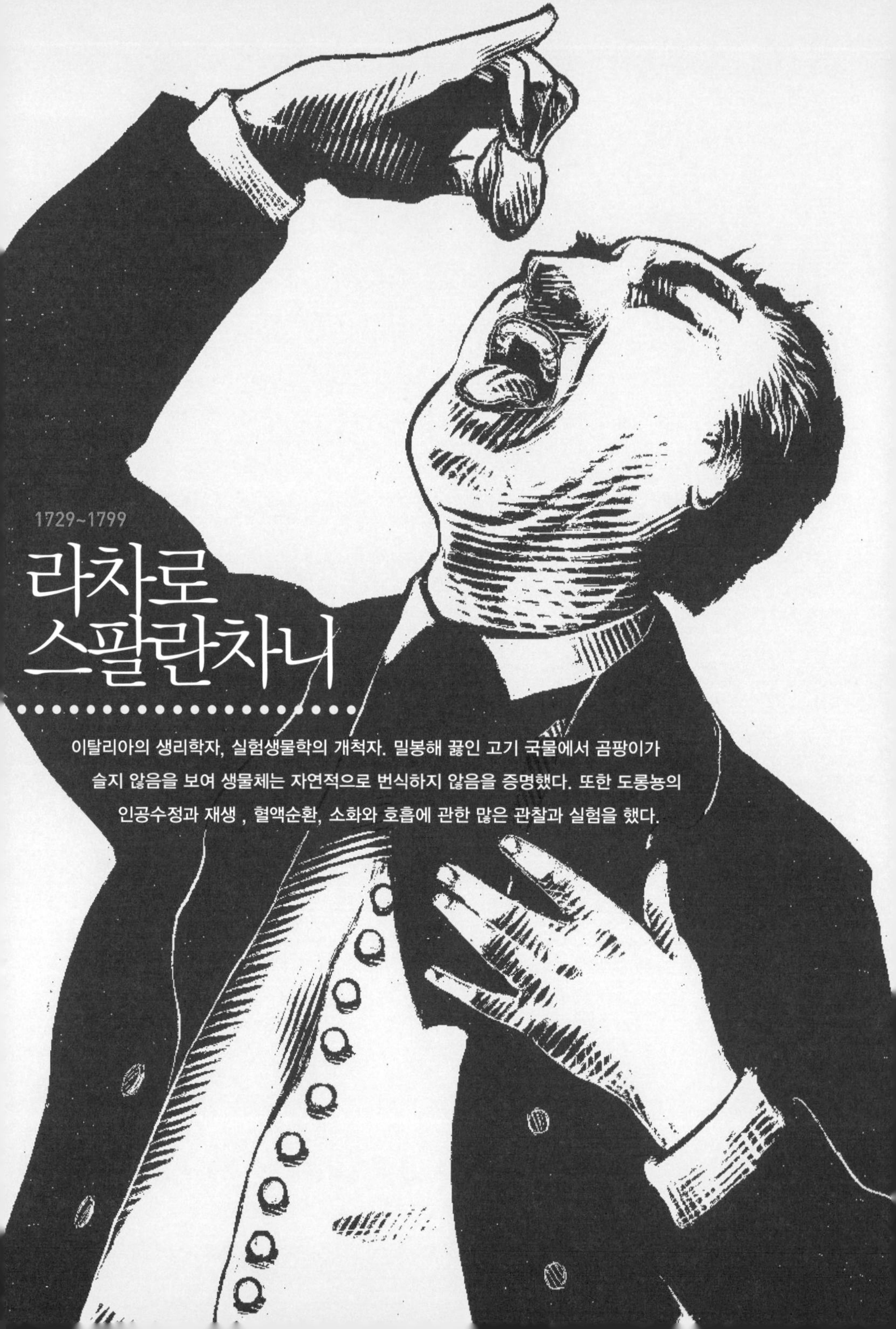

1729~1799

라차로 스팔란차니

이탈리아의 생리학자, 실험생물학의 개척자. 밀봉해 끓인 고기 국물에서 곰팡이가 슬지 않음을 보여 생물체는 자연적으로 번식하지 않음을 증명했다. 또한 도롱뇽의 인공수정과 재생 , 혈액순환, 소화와 호흡에 관한 많은 관찰과 실험을 했다.

뼈 통째로 삼키기 2

소화 실험

사람은 먹어야 살 수 있다. 우리가 먹은 음식물은 위와 장에서 문지르고 비틀어 짜는 소화 과정을 거쳐야 에너지로 사용될 수 있다. 우리 몸속의 위와 장에서는 어떤 일이 벌어지고 있을까?

200여 년 전 이탈리아의 유명한 과학자 라차로 스팔란차니는 이 과정을 밝혀내려 했다. 당시에는 오늘날처럼 사람의 소화기관을 찍어 볼 수 있는 엑스선 기계나 내시경이 없었지만, 스팔란차니는 믿음을 갖고 있었다. 리넨 천이나 나무 조각같이 간단한 물질을 이용해 소화의 비밀을 풀어낼 수 있으리라 확신했다. 소화기관 안에서 음식물이 잘게 갈리거나 부패한다는 증거, 또는 누구도 알아낸 적이 없는 음식의 화학적 변화에 대해 과연 밝혀낼 수 있을까?

소화에 매료된 과학자

이탈리아의 스칸디아노에서 자란 스팔란차니는 어린 시절 과학에 대해 아무것도 몰랐다. 그는 15살 때 예수회에서 운영하는 대학교에 입학했다. 이 학교에서 언어, 철학, 연설, 작문에서 두각을 나타내자 교수들은 스팔란차니가 자신들의 뒤를 따르기 바랐다. 그러나 변호사인 그의 아버지는 법률을 공부하기 바랐다.

스팔란차니는 볼로냐 대학에 입학했지만 논리적 사고를 훈련하는 법률 공부가 마음에 들지 않았다. 운 좋게도 사촌인 라우라 바시가 그 대학의 교수였다. 사촌은 화학, 내과 의학, 자연사, 수학 등 다양한 학문을 폭넓게 공부하라고 격려했다. 스팔란차니는 수학의 위력에 감명을 받았으나 그의 열정을 일깨운 것은 과학이었다. 바시와 또 다른 교수가 그의 아버지에게 스팔란차니가 법률 공부를 그만두게 하라고 권유했다. 그때부터 스팔란차니는 과학 분야에서 놀라운 활약을 펼치기 시작했다.

1776년에 스팔란차니는 소화에 대한 실험을 시작했다. 당시에 그는 이탈리아의 파비아 대학에서 자연사를 가르치고 있었고, 이미 기이한 실험들로 이름이 나 있었다. 예를 들어 캄캄한 방 안에서 도롱뇽에게 빛을 비춰 현미경으로 혈액의 흐름을 관찰했다. 또한 솟아나는 샘물을 연구하기 위해서 이탈리아의 산들을 올라갔다. 또한 아펜니노 산악 지대의 벤타소 호수 가

이 라차로 스팔란차니의 조각상은 그의 고향 스칸디아노 광장에 세워져 있다. 굉장한 호기심은 그가 개구리의 소화뿐만 아니라 혈액순환과 인공수정을 연구하도록 이끌었다.

운데에서 커다란 소용돌이가 인다는 소식을 눈으로 확인하기 위해 나무 둥치로 만든 뗏목을 타고 가다 표류했다(결론: 소용돌이는 없었다).

47세가 된 스팔란차니의 머릿속은 여전히 늘 질문이 끊이지 않았다. 화산은 어떻게 생겨났을까? 정자는 아이를 만드는데 없으면 안 될까? 깊은 바다 속의 동물들은 어둠 속에서 어떻게 빛을 낼까? 철새는 어떻게 이동할까?

스팔란차니는 특히 소화에 매료되었다. 당시에는 소화에 대해 거의 알려진 정보가 없었다. 어떤 과학자들은 소화가 사람의 위와 장에서 음식이 잘게 부서져 가루가 되는 것이라고 주장했다. 다른 과학자들은 거품이 일며 술로 바뀌는 포도주스처럼 일종의 발효가 일어나는 것이라고 했다. 소화기 안에서 음식이 부패하는 것이라는 주장도 있었다.

몇 명의 과학자가 소화에 대한 실험을 직접 해 보였다. 1600년대에 이탈리아의 과학자이자 시인 프란체스코 레디는 소화 과정이 분쇄임을 증명하기 위해 새들에게 유리구슬을 강제로 삼키게 했다. 정말로 유리구슬은 새의 소화기관에서 부서져 가루가 되어 나왔다. 1700년대에 프랑스의 과학자이자 동물학자 르네 레오뮈르도 소화의 화학 작용에 대해 연구했다. 그는 새들에게 솜을 넣은 작은 금속관을 강제로 먹였다. 그리고 새들이 뱉어낸 금속관에서 솜을 적시고 있던 위액을 짜서 화학 분석을 실시했다.

스팔란차니는 이러한 실험들을 훨씬 더 발전시켰다. 그는 닭, 오리, 칠면조, 거위, 까마귀, 비둘기로 실험을 시작했다. 다음에 개구리, 도롱뇽, 뱀, 물고기, 양, 황소, 말, 올빼미, 독수리, 고양이, 개로 옮아갔다.

스팔란차니는 왜 이렇게 다양한 동물에게 실험했던 것일까? 그는 동물들이 저마다 다른 식생활과 소화기관을 갖고 있음을 알고 있었다. 닭은 이빨이 없지만 매우 질긴 근육으로 이루어진 모래주머니를 갖고 있는데, 여기에는 보통 작은 돌 조각으로 가득 차 있다. 고양이는 면도

철두철미한 스팔란차니 씨

스팔란차니는 특히나 철두철미한 성격으로 유명했다. 혈액순환을 연구할 적에는 달걀 속의 배아, 개구리, 올챙이, 도마뱀, 도롱뇽에 대한 실험을 337번이나 실시했다. 그는 잘린 머리, 꼬리 등 지렁이 몸체 일부의 재생을 연구하기 위해 지렁이를 수천 번이나 잘랐다.

칼처럼 날카로운 이빨로 고기를 찢어 먹는다. 말은 음식을 잘게 부수기 위해 커다랗고 평평한 어금니를 이용하고, 뱀은 잡은 쥐를 통째로 삼켜 버린다. 스팔란차니는 소화 과정도 동물마다 다를 것이라고 생각했다. 그래서 실험으로 확인해 보니 정말 저마다 달랐다. 예를 들어 닭과 칠면조는 몸 전체가 커다란 분쇄기였다. 닭의 모래주머니는 단단한 유리구슬을 다시 '모래' 로 만들 수 있고, 칠면조의 모래주머니는 금속도 조각조각 부술 수 있다.

스팔란차니는 스칸디아노에 있는 집에서 실험했는데, 지금 그 집은 이탈리아에서 국가 지정의 유적으로 보호하고 있다. 그의 실험실은 언덕과 들판이 한눈에 내려다보이는 탑에 있었다.

오늘날 스팔란차니의 동물실험은 잔인하게 들릴 수도 있다. 그가 동물들의 목구멍 속으로 음식물로 가득 찬 튜브를 강제로 밀어 넣었을 때 분명 동물들도 고통을 느꼈을 것이다. 어떤 동물은 저항을 했다. 소화 실험을 기록한 보고서에는 뱀이 "대단히 분노했다" 라고 적혀 있다. 다행히 독이 없는 뱀이 그를 물었다. 매와 독수리는 그를 공격하려고 들었다. 개가 물려 했을 때에 스팔란차니는 고기 조각 속에 음식 튜브를 숨기고 마룻바닥에 던졌다.

하지만 1700년대의 많은 유럽 과학자들은 동물이 사고하거나 고통을 느낀다고 믿지 않았다. 사람들은 음식을 얻기 위해 수많은 동물을 죽였으며, 스포츠로 사냥을 하고, 일하는 동물들의 감정을 배려하지 않은 채 가혹하게 일을 시켰다. 스팔란차니가 과학에 동물을 이용한 것은 그가 살던 시대에는 그다지 눈살 찌푸릴 일이 아니었다.

: 자신의 위에 실험하다

스팔란차니는 동물실험을 마치고 나서, "가장 고귀하고 흥미로운 동물인 사람을 소홀히 하지 않기 위해" 자신의 위에 실험하기 시작했다. 이런 인체 실험에 대해 사람들이 불쾌하게 여길 수 있을 것이라고 생각했다. 물론 동물도 똑같이 감정이 있다는 사실은 여전히 몰랐다. 사실 그는 실험 대상이 되어 달라고 사람들을 설득할 자신이 없었다. 그래서 자신에게 직접 하기로 결정했다.

그는 견디기 쉬운 실험부터 시작했다. 어느 날 아침에 빵 한 덩어리를 씹어서 뱉은 다음에 무게를 쟀다. 이 부스러기를 리넨으로 만든 작은 주머니에 넣었다. 주머니가 빵이 몸속 어디쯤에 내려가고 있는지 위치를 알려 줄 것이고, 내려가는 사이에 음식물 안으로 소화액이 스며들 것이다. 스팔란차니는 주머니를 꿀꺽 삼켰다.

스팔란차니는 그리 걱정되지 않았다. 사람들이 실수로 버찌와 자두의 씨를 삼켜도 소화기관을 지나 고스란히 몸 밖으로 나온다는 사실을 알고 있었다. 23시간 후에 꿀꺽 삼킨 주머니가 몸 밖으로 나왔고, 그의 몸은 별 이상이 없었다. 주머니와 묶은 실은 그대로였지만 빵 조각은 완전히 사라지고 없었다.

"실험 결과가 만족스러웠기에 용감하게 또 다른 실험을 시작할 수 있었다"라고 스팔란차니는 말했다. 그는 수십 가지의 실험 계획을 짰고 실험은 점점 더 대담해져 갔다.

그는 소화를 늦추기 위해 천 두세 겹으로 만든 주머니에 빵을 넣어 삼켰다. 이 주머니에 넣은 빵 중에서 마른 덩어리가 고스란히 남아 있었다. 스팔란차니는 이것을 맛보고 나서 빵의 맛이 사라졌다는 사실을 알아냈다.

닭의 모래주머니 속에 들어간 유리구슬처럼 사람의 소화기관에서도 음식이 잘게 부서지는 것일까? 사람의 위와 창자는 단단한 근육 조직으로 이루어져 있다. 스팔란차니는 쥐어짜는 압착 운동이 소화의 핵심 과정인지 알아보기 위해 단단한 캡슐 안에 음식물을 넣어 삼키기로 했다. 그는 나무를 깎아 비타민 알약 크기의 튜브를 만들고 소화액이 스며들도록 구멍을 뚫었다. 만일 나무 튜브 안에 든 음식물이 소화가 된다면, 그 안에 스며든 위액이 으깨기보다 더 중요한 소화 과정이라는 의미가 될 것이다.

사람의 혀와 코는 화학 탐지기!

배설물의 맛보기나 냄새 맡기는 아무리 점잖게 표현해도 지저분하게 들리겠지만, 당시에 사람의 혀와 코는 가장 예민한 화학 탐지기였다. 현대의 의학 검진이 실시되기 이전에 의사들은 때로 소변에 당분이 섞여 나오는지 알기 위해 소변의 맛을 보거나, 과일향이나 아세톤과 비슷한 냄새가 나는지 입 냄새를 맡아 봄으로써 당뇨병을 진단했다.

나무 튜브는 주머니보다 삼키기에 훨씬 겁이 났다. 튜브가 위장을 찌를 수도 있고 토해 내다가 다른 장기에 상처를 낼 수도 있으니까. 그 무렵 스팔란차니는 가끔 식사를 한 후에 소화불량에 시달리고 있었다.

그럼에도 불구하고 그는 씹은 송아지고기를 넣은 나무 튜브를 리넨 주머니로 감싼 다음에 통째로 삼켰다. 그리고 기다렸다. 아무 문제도 없었다! 음식물 주머니는 "행복하게도 22시간 뒤에 몸 밖으로 배출되었다." 주머니와 나무 튜브 모두 온전히 있었지만 속은 텅 비었다. 그의 소화액은 위장의 수축 운동이 없이도 계속 분비되는 것처럼 보였다.

스팔란차니는 이제 더 많은 튜브를 식도 아래로 내려보냈다. 씹기의 효과를 연구하기 위해 한 튜브에는 비둘기 심장을 씹어 넣고, 다른 나무관에는 씹지 않은 채 넣었다. 그리고 튜브 두 개를 한꺼번에 삼켰다. 다음날 튜브가 몸 밖으로 나왔을 때 씹어 넣은 비둘기 심장이 훨씬 더 많이 사라져 있었다. 그는 양

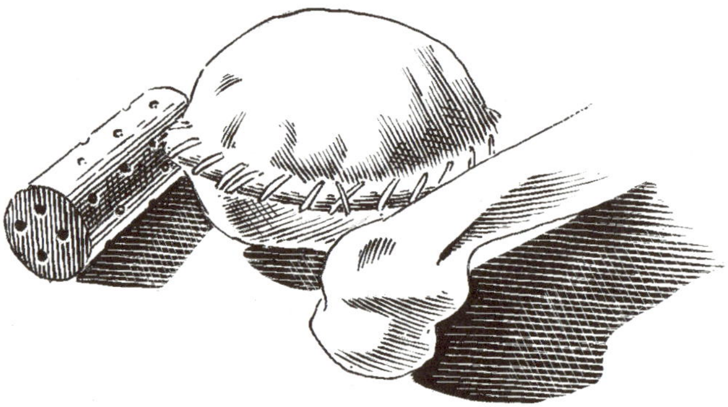

고기, 송아지고기, 빵으로 똑같은 실험을 해 보았는데 결과는 마찬가지였다. 씹어 넣은 음식물은 훨씬 더 빨리 소화되었다. 아마도 씹어 넣은 음식물에 소화액이 훨씬 많이 묻었기 때문일 것이다.

스팔란차니는 튜브를 누르면 쉽게 부서질 수 있도록 아주 얇게 깎았다. 나무 튜브는 부서지지 않고 몸 밖으로 나왔다. 그의 소화기가 정말로 부드럽게 쥐어짰던 것이 틀림없다.

이 사실을 증명하기 위해서 스팔란차니는 단단한 포도알 4개를 씹지 않고 꿀꺽 삼켰다. 포도알은 다음 날 모두 통째로 몸 밖으로 나왔다. 그다음에는 말랑말랑한 포도알과 부드러운 버찌, 단단한 버찌를 삼켰는데 이것도 대부분 통째로 나왔다. 이제 사람의 소화기는 분쇄기가 아님이 확실해졌다. 동물의 혈관, 물렁뼈, 힘줄은 소화시키는 데 오랜 시간이 걸린다. 스팔란차니는 소고기 막이 든 튜브를 완전히 소화될 때까지 두 번이고 세 번이고 계속 삼켰다.

다음으로 삼킨 것은 뼈였다. 튜브 안에 넣은 부드러운 뼈는 삼킨 지 며칠 후에 나왔을 때 소화되어 있었으나, 단단한 뼈는 전혀 변화가 없었다. 스팔란차니는 콩알 크기의 뼈 조각을 튜브에 넣지 않고 삼켰는데 하루 반 만에 그대로 나왔다. 그러니 여러분은 웬만하면 뼈는 통째로 삼키지 않는 것이 좋겠다.

위액을 맛보고 끓이고

이제 스팔란차니는 위액소화액을 연구하고 싶었다. 하지만 위액을 어떻게 구할 수 있을까? 죽은 사람의 위장을 해부해 보았지만 위액은 거의 남아 있지 않았다. 스펀지를 넣은 튜브를 삼켜 위액을 모으기는 힘든 일이었다. 한 번에 기껏해야 2개의 튜브를 삼킬 수 있었다. 그래서 위액을 토해 내기로 마음먹었다. 어느 날 아침에 위액을 오염시키는 어떤 것을 먹거나 마시기 전에 입안에 손가락을 집어넣어 목구멍을 찔렀다. 여러 번의 시도 끝에 짠맛이 나는 액체가 올라왔다.

스팔란차니는 이렇게 얻은 위액에 불을 붙여 보았다. 프랑스의 과학자 레오뮈르가 위액이 불에 타는 가연성 물질이라고 했기 때문이다. 그는 위액을 촛불로 데우고, 뜨거운 석탄 위에서 끓이고, 불속에 던져 보기도 했다. 연기가 피어올랐지만 위액에 결코 불이 붙지 않았다.

스팔란차니는 얼마 안 되는 불완전한 실험에 바탕을 두고 추측하는 과학자들을 참을 수가 없었다. 그는 과학자라면 충분한 시간을 두고 실험을 거듭함으로써 의문을 해결해야 한다는 확신을 갖고 있었다.

그러고 나서 스팔란차니는 유리관에 삶은 쇠고기를 씹어서 위액을 섞어 넣고 무명 조각으로 위쪽을 막았다. 비교를 위해 다른 유리관에는 쇠고기에 물을 섞어 넣었다. 그는 이 시험관 2개를 난로에 올려놓고 체온과 같아질 때까지 데웠다.

위액을 섞은 쇠고기는 3일 반나절이 지나자

아직도 원래의 액자 안에 들어 있는 스팔란차니의 데스마스크는 1799년 그가 죽었을 때 얼굴에서 본을 떠 만든 것이다. 당시 스팔란치니가 유명인이었기 때문에 만들어진 것이다(사진은 아직 보급되지 않았던 시절이었다).

미끌미끌하고 끈끈한 액체로 변하기 시작했다. 다른 유리관 속의 쇠고기는 부패하기 시작했지만 쇠고기 형체를 유지했다. 스팔란차니는 위액이 고기에 화학 변화를 일으킨 것이라고 결론 내렸다. 부패와 모습이 달랐고 진행도 훨씬 빨랐기 때문이다.

스팔란차니의 말에 따르면, 구토는 "불쾌한 일"이었다. 실험 후에 위장 근육은 몇 시간 동안 계속 뒤틀리면서 고통이 밀려왔다. 하지만 알고 싶은 것이 너무 많아서 실험을 멈출 수 없우유에 산을 넣었을 때의 반응을 보기 위해서는, 작은 유리잔에 우유 2큰 숟가락을 넣는다(탈지분유가 특히 잘 반응한다). 그리고 식초 1찻숟가락을 넣고 저은 다음에 1분쯤 기다린다. 산이 우유 속에 있는 단백질 분자를 엉겨 붙게 해서 덩어리가 만들어진다.

었다.

이번에는 2개의 튜브를 삼키고 나서 4시간 후에 토했다. 하나는 위액과 함께 올라왔고 나머지 하나는 이미 부분적으로 소화가 끝나 있었다. 이 실험을 통해 스팔란차니는 소화 작용이 장이 아니라 위에서 일어난다는 확신을 얻었다. 토해 냈을 때 쇠고기를 넣은 튜브는 아직 위 속에 있었기 때문이다.

스팔란차니는 위액의 성질이 산성이 아닐까 의심이 들었다. 토할 때 레몬이나 식초처럼 위액에서 신맛이 느껴졌기 때문이다. 우유에 위액을 섞자 식초를 넣었을 때처럼 걸쭉해지면서 덩어리가 몽글몽글 뭉쳐졌다.

이 실험을 하던 무렵 스팔란차니의 몸은 한계에 다다랐다. 그는 더 이상 위액을 토해 낼 수 없었다. 대신 그는 조개껍데기와 산호 조각을 넣은 튜브를 여러 개 삼켰다. 이 세 번째 실험은 위액이 산성인지를 알아보기 위한 목적이었다. 산은 물질 속에 포함된 단단한 광물도 녹일 수 있기 때문이었다. 정말로 그의 소화기관을 거친 조개껍데기는 줄어들어 있었다.

스팔란차니는 자신의 몸에 실험을 함으로써 소화에 대해 많은 정보를 얻었다. 사람의 이는 음식을 잘게 부수어 소화를 촉진하지만, 목구멍을 넘어가면서는 더 이상 분쇄가 일어나지 않는다. 위액과 장액은 부패나 발효와 달리 오로지 화학 작용을 통해 음식물을 소화시킨다. 위액의 이런 화학 작용은 몸 밖에서도 일어날 수 있다. 따라서 소화기관 안에는 특별한 '생명체'는 없고 화학 물질이 있을 뿐이다. 후대의 많은 생리학자들이 스팔란차니의 연구에 바탕을 두고 소화에 대해 많은 사실을 밝혀냈다. 하지만 200년이 지난 오늘날에도 스팔란차니의 연구는 여전히 유효하다.

스팔란차니의 심장은 고향 마을의 기념비 안에 안치된 유골 단지에 보관되어 있다. 그의 시신은 그가 교수로 있던 파비아 대학의 묘지에 묻혔다.

스팔란차니의 용감한 소화 실험은 끝났으나 그의 모험은 끝이 없었다. 1788년 60세가 가까워질 무렵에는 화산 폭발을 연구하기 위해 화산 꼭대기에 걸어 올랐다. 베수비오 화산에서는 용암이 흘러내리는 속도를 측정했고, 에트나 화산에서는 독가스를 맡고 잠깐 기절했고, 불카노 화산에서는 분화구 안으로 걸어 내려갔다. 그때 스팔란차니는 발에 화상을 입고 지팡이를 불속에 떨어뜨렸다. 그는 이후 10여 년 동안에도 수천 번 넘게 실험을 계속했다.

70세의 나이에 결국 스팔란차니는 방광암으로 죽음에 이르렀다. 동생 니콜로가 그의 '용감한' 심장을 대리석 단지에 담아 고향 스칸디아노의 성당에 모셔 두었다. 그리고 스팔란차니의 병든 방광은 자신의 희망대로 파비아 대학의 박물관으로 보내졌다. 그것은 오늘날에도 박물관의 유리항아리 안에 보존되어 있다. 언젠가 소화의 여정을 따라간 것처럼, 어쩌면 스팔란차니의 신체 일부는 여전히 해결되지 않는 과학 질문들 중에서 몇 가지를 알아내는 데 도움이 될지도 모르겠다.

이제는 알아요!

■■ 수백 또는 수천 개의 벽돌이 쌓여 건물이 지어지듯, 음식물은 훨씬 작은 분자들이 긴 사슬처럼 이어져 이루어진다. 예를 들어 단백질은 아미노산이 줄줄이 이어져 있는 것이고, 녹말은 포도당 분자가 길게 이어져 있는 것이다.

■■ 스팔란차니는 음식을 입에 넣고 씹는 저작의 효과만을 연구하고, 입안에서 일어나는 화학 작용에는 관심을 두지 않았다. 침 속에 들어 있는 소화효소 아밀라아제는 녹말을 보다 작은 단위인 포도당으로 분해한다.

■■ 위에서 분비되는 소화효소는 단백질을 더 짧은 사슬로 분해해 소화한다. 스팔란차니가 자신의 위액으로 밝혀낸 것처럼, 소화효소는 고기의 단백질을 말랑말랑한 젤리처럼 만든다.

■■ 위에서 분비되는 위산은 거친 음식을 부드럽게 하고 음식 속의 세균을 죽이고 뼈를 녹이는 역할을 한다.

■■ 근육으로 이루어진 위벽은 음식과 위액의 혼합물을 비틀고 쥐어짠다. 스팔란차니가 밝혀낸 것처럼, 위는 음식을 가는 대신에 앞뒤로 짜고 섞어서 수프와 같은 액체로 만드는 것을 도와준다.

■■ 음식물은 위에서 고무호스처럼 좁고 긴 관인 작은창자로 내려간다. 수십 가지의 효소들이 탄수화물을 당류로, 단백질을 아미노산으로 만들고, 지방과 DNA를 분해한다.

■■ 셀러리 줄기(또는 스팔란차니가 사용한 리넨 주머니나 나무 튜브)에 들어 있는 섬유질은 소화되지 않고 그대로 큰창자나 잘록창자로 밀려 내려간다.

■■ 우리의 큰창자 속에는 소화가 끝나지 않은 음식물을 먹는 500여 종의 세균이 살고 있다. 이 세균들이 비타민 K와 비타민 B를 만드는데, 이 중 일부가 몸에 흡수된다. 또 이 세균들은 유해한 세균의 번식을 막는 역할을 한다. 스팔란차니의 '소화불량'은 아무래도 대장균 때문이었던 듯하다.

■■ 위장이 음식물을 소화시키는 데는 2시간에서 4시간 정도 걸린다. 작은창자와 큰창자는 15시간에서 30시간 동안 바쁘게 일을 한다. 이것이 스팔란차니의 나무 튜브, 주머니, 뼈가 몸 밖으로 나오는 데 하루 이상이 걸린 이유다.

50
a
b
a
a

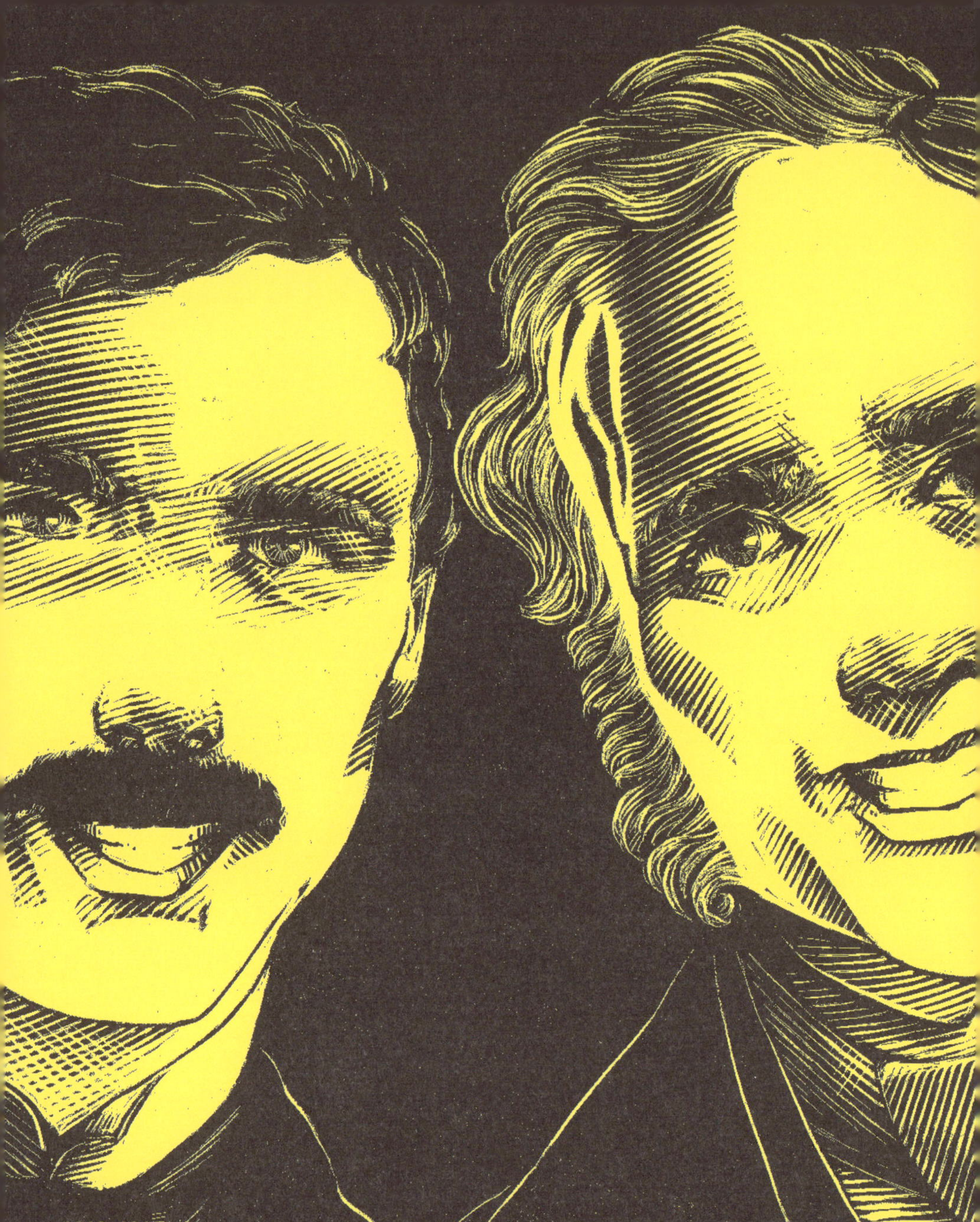

1819~1868

1815~1848

윌리엄 모턴과 호러스 웰스

미국의 치과 의사로 처음으로 흡입 마취제를 사용해 수술을 했다.

웃음가스에 얽힌 슬픈 이야기 3

마취제 발견

치과에서 이를 뽑는 것은 끔찍한 경험으로 기억된다. 그래서 치과 의사들은 환자를 치료할 때 통증을 덜어 주는 마취제를 사용하기도 한다. 아산화질소 가스를 들이마시게 하거나 잇몸에 국소 마취제인 프로카인 주사를 놓아 감각을 수십분 간 둔감하게 만드는 것이다. 사랑니처럼 커다란 이를 뽑아야 할 때에는 펜토탈 같은 마취제를 쓰기도 한다.

마취제가 발명되기 이전에는 어떻게 이를 뽑았을까? 대부분의 사람은 이를 뽑을 수 없었다. 치아가 썩거나 부러져 아무리 아파도 참을 도리밖에 없었다. 이를 뽑을 때의 고통과 공포가 훨씬 지독하기 때문이었다. 1840년대에 자신의 몸에 실험을 했던 미국의 치과 의사 호러스 웰스와 윌리엄 모턴 덕분에 우리의 통증은 줄어들 수 있었다. 실험을 위해 여러 가지 기체를 들이마시는 동안 두 의사의 몸은 물론이고 정신까지 위험에 빠졌다. 이렇듯 생명을 바칠 정도로 두 사람의 실험은 가치가 있었을까?

통증을 줄이는 기체

호러스 웰스와 윌리엄 모턴은 미국 매사추세츠 주의 보스턴에서 함께 치과 병원을 열었다. 하지만 두 사람의 동업은 오래가지 못하고 1843년 말에 끝이 났다. 다른 분야의 의사들도 마찬가지였겠지만 당시 치과 의사는 아주 고된 직업이었다. 1840년대에 치과에서는 환자를 움직일 수 없게 꽁꽁 묶은 다음에 힘이 센 조수들이 환자의 팔다리를 붙잡고 있으면, 의사가 환자의 입을 가능한 한 크게 벌리고 치과용 핀셋으로 이를 움켜쥔 다음에 비틀어서 뽑아냈다. 이렇듯 당시 사람들에게 치과는 고문실과 다를 바 없었다.

아산화질소

아산화질소는 무색의 달콤한 맛이 나는 기체로서 마취제로 사용될 때는 산소와 혼합한다. 아산화질소를 마시고 마취가 되면 입안에서 치과 기구의 움직임과 의사의 손의 압력을 느낄 수 있다. 하지만 통증은 느껴지지 않는다.

웰스와 모턴 이전에도 치과 치료와 외과 수술의 고통을 줄이기 위한 여러 가지 방법이 시도되고 있었다. 마약 복용부터 침으로 피를 뽑아내는 사혈, 머리에 나무통을 씌우고 망치로 내리치기 등의 방법이 오랫동안 사용되었다. 때로 환자들은 죽을 만큼 심한 고통을 느껴야 했다.

하지만 환자의 고통을 덜어 줄 방법이 전혀 없기에 의사들은 간단한 수술밖에 할 수 없었다. 몇 분 동안의 수술조차 너무나 고통스러웠으므로, 훌륭한 외과 의사는 재빨리 수술을 끝내는 의사라고 여겨졌다. 1800년대 초에 영국의 의사 로버트 리스튼은 런던 칼리지 대학에서 2분 30초 만에 다리를 절단하는 수술을 했다. 이 수술로 리스튼은 가장 훌륭하고 기민한 외과의사로 이름을 얻었다. 그는 수술을 시작할 때 조수들에게 "여러분, 저와 보조를 맞춰 주세요. 보조를요!"라고 부탁하곤 했다.

근대 의학이 막 시작되었을 무렵 어떤 외과 의사들은 환자에게 수술 전에 독한 술을 주었다. 어떤 의사는 환자가 의식을 잃을 때까지 목을 조르기도 했다. 어떤 의사는 신경과 동맥을 꽉 눌러서 환자가 잠들게 했다.

웰스와 모턴의 시대 이전에도 통증을 줄이는 기체가 있다는 사실이 알려져 있었다. 예를 들어 1400년대에 어떤 사람들은 편두통을 없애기 위해서 에테르를 코로 들이마셨다. 1800년 무렵 영국의 화학자 험프리 데이비(광부들의 안전등을 발명했고 이 책의 7장에 등장한다)는 질산암모늄에서 열분해하여 얻어 낸 아산화질소를 자신이 직접 들이마셨다. 데이비는 아산화질소를 들이마신 결과 의식이 몽롱해지면서 충치의 통증이 줄어든다는 것을 알아냈다.

하지만 의사들은 이런 실험에 주목하지 않았다. 아산화질소, 클로로포름, 에테르와 같은 기체는 쾌락을 추구하는 물질로 여겨져 반대가 많았기 때문이다. 19세기 중반에 몇몇 사람들은

"하프 소리가 들렸어요"

데이비는 우연히 아산화질소에 기분을 좋아지게 하는 효과가 있음을 발견했다. 그는 이것을 술을 마실 때보다는 아름다운 음악을 들을 때의 기분이라고 설명했다. 데이비가 관찰한 어떤 아산화질소 흡입자는 "하프 소리가 들렸어요"라고 말했다.

'에테르 파티' 를 열어 오늘날의 코카인 흡입이나 대마초처럼 환각을 맛보았다.

영화나 텔레비전, 라디오, 휴대전화가 없던 시절이라 즐길 오락거리가 많지 않았다. 오페라, 콘서트, 연극의 관람이나 에테르 파티 정도가 고작이었다. 당시 사람들에게 인기를 끈 오락거리 중 하나가 박람회였다. 1844년 10월 10일 미국의 코네티컷 주 하트포드의 유니언 홀에서 아산화질소의 효과를 보여주는 공개 실험이 열렸다. 이 무렵 치과를 열었던 웰스도 25센트를 내고 이 실험에 참석했다.

: 아산화질소는 웃음가스

화학자 가드너 퀸시 콜턴은 당시 지방을 돌면서 아산화질소의 효과에 대해 공개 강연을 하고 있었다. 그의 공개 실험은 사실 오락이었다. 그날 밤 웰스와 동료 의사들은 아산화질소를 들이마신 사람들이 어떤 행동을 하는지 보기 위해 공개 실험에 참석했다. 당시에 아산화질소는 가스를 마신 사람들이 낄낄거리며 웃기 때문에 '웃음가스' 라고 불렸다. 어떤 사람들은 미친 듯이 주위를 뛰어다녔다. 웃음가스는 흡입한 사람들을 술에 취한 것처럼 변하게 하는, 아주 강력한 효과를 발휘했다.

웰스는 웃음가스를 들이마신 새뮤얼 쿨리라는 약국 점원이

강연홀 주변을 미친 듯이 춤추며 다니는 광경을 흥미롭게 바라보았다. 쿨리는 웰스의 곁을 지나가다가 의자에 복사뼈를 부딪쳤다. 놀랍게도 쿨리는 심하게 부딪쳤는데도 전혀 통증을 느끼지 않는 듯 보였다.

웰스는 쿨리를 붙잡고 다리가 아프지 않은지 물어보았다. 쿨리는 아니라고 대답했다. 그 후에 아산화질소의 효과가 있을 때는 아픔을 느끼지 않았다고 말했다. 이 광경을 본 치과 의사 웰스는 기가 막힌 생각을 떠올렸다. 이를 뽑을 때 환자에게 웃음가스를 마시게 하면 어떻게 될까?

웰스는 웃음가스가 이를 뽑는 고통을 덜어 줄 수 있을지 알기 위해서는 직접 흡입하고 자신의 이를 뽑아 볼 수밖에 없다는 결론을 내렸다. 그에게는 아픈 사랑니가 하나 있었다. 그는 자신이 실험 대상이 되기로 결정했다. 그는 콜턴에게 다음 날 자신의 치과로 와 달라고 부탁했다. 그리고 동료 치과 의사 존 M. 릭스에게 사람들이 지켜보는 가운데 자신의 사랑니를 뽑아 달라고 말했다.

10월 11일에 콜턴과 릭스 그리고 몇 명의 청중이 웰스의 치과에 모여들었다. 릭스는 나중에 「뉴욕 치의학 저널」에 그날의 일을 글로 썼다. “콜턴 씨와 쿨리 씨, 그리고 웰스가 의자에서 뛰쳐나올 가능성을 대비해 다른 두 사람이 참석했다.” 콜턴은 고무주머니에 아산화질소를 담아 가져왔다. 주머니에 연결된 튜브가 웰스의 코에 끼워졌다.

웰스는 아산화질소를 들이마신 후에 천천히 숨을 쉬었지만 얼굴이 창백해지고 입술이 파래졌다. 그때 릭스가 웰스의 사랑니를 집게로 비틀어 뽑았다. 나중에 콜턴은 이를 뽑은 후 아산화질소의 효과가 떨어졌을 때 어떤 일이 벌어졌는지를 회상했다. 웰스는 릭스가 뽑은 이를 손에 들고 서 있는 광경을 보고 말했다. “이건 정말 대단한 발견이야. 나는 핀으로 살짝 찌르는 정도의 아픔밖에 느끼지 못했네.” 친구들은 웰스에게 아산화질소 마취제의 특허를 내라고 권유했다. 그는 “아니야! 그것을 우리가 숨 쉬는 공기처럼 누구나 자유롭게 쓸 수 있게 할 거야”라고 답했다.

웰스는 이를 뽑은 며칠 후에 하트포드에서 고통 없이 이를 뽑기 위해 환자 15명에게 아산화질소를 사용했다. 한 달 후에는 보스턴으로 갔다. 그곳에서 병원을 하고 있던 윌리엄 모턴이 웰스를 위해 매사추세츠 종합병원에서 아산화질소의 통증 차단 효과를 보여 주는 공개 시연회를 열어 주었다. 의사와 학생들이 웰스의 공개 시연을 보기 위해 모여들었다.

코네티컷 주 하트포드의 부시넬 공원에 서 있는 호러스 웰스의 동상에는 "호러스 웰스, 마취제의 발견자, 1844년 12월"이라는 글이 새겨져 있다. 사실 '발견자' 라는 호칭은 웰스에게 쉽게 주어지지 않았으며 논쟁의 여지도 많다.

웰스는 강연을 하는 동안에 청중들의 차가운 눈길을 느꼈다. 많은 청중들이 오락으로 아산화질소를 흡입해 본 경험은 있었으나, 웰스가 자원자가 있냐고 물었을 때 누구도 선뜻 나서지 않았다. 청중 대부분이 사람의 몸에 대해 상당히 알고 있다고 자부하는 의사나 의대생이었던 데다가 웰스가 '유일한 치과 의사' 라는 점이 작용했을 것이다. 또한 실험 대상이 되어 고통스러워하거나 당황하는 모습을 공개적으로 보이고 싶지 않았을 것이다.

결국 이름을 밝히지 않은 한 청중이 웰스의 이 뽑기 실험에 자원했다. 안타깝게도 이 청중은 이를 뽑을 때 완전히 마취되지 않았는지 신음소리를 냈다. 그는 나중에 거의 통증을 느끼지 않았다고 말을 바꾸었지만, 많은 의사 청중들이 그의 시연을 엉터리라고 비난했다. 웰스는 공개 시연회의 실패로 망신만

당한 후 돌아와야 했다.

웰스는 한 환자가 아산화질소 과다 흡입으로 죽기 전까지 계속 아산화질소를 치료에 사용했다. 콜턴과 릭스에게 아산화질소가 안전하지 않다는 경고를 받기도 했다. 사람마다 적절한 흡입량을 조절하는 것이 정말 어려웠기 때문이다.

웰스는 아산화질소 실험을 하는 동안 자신도 모르게 가스가 주는 황홀함에 빠져 계속 아산화질소를 흡입했다. 점점 더 약물에 의존하게 된 웰스는 또 다른 마취제 클로로포름에도 손을 댔다. 그의 행동은 때로 아주 기이했고 결국 치과 의사를 그만두어야 했다. 웰스는 평생 매사추세츠 종합병원의 실패에서 벗어나지 못했다.

에테르 흡입 수술

1845년에 윌리엄 모턴은 웰스의 아산화질소 공개 시연회가 실패하는 모습을 지켜보았다. 그러나 모턴은 의욕을 꺾지 않았다. 이듬해에 하버드 의과대학에 입학한 모턴은 통증을 줄이는 마취제가 분명히 있을 것이라고 확신했다. 그래서 1846년에 자신을 대상으로 마취제 실험을 하기로 결정했다.

모턴은 아산화질소를 쓰지 않기로 했다. 웰스의 실패가 한 이유가 되었을 것이고, 이후 웰스의 변화에도 큰 충격을 받았음이 틀림없다. 그러나 모턴이 다른 기체를 사용하기로 한 데에는 또 다른 이유가 있었다.

치과 의사였을 당시에 모턴은 하버드 의과대학의 화학과 교수인 찰스 토머스 잭슨이 개발한 '치통약'을 이미 사용하고 있었다. 이 약은 당시 '에테르 환각 파티'에 대한 글을 통해 안전성을 확신하게 된 설파계 에테르에틸알코올였다. 이를 뽑을 때 이 기체가 환자들의 고통을 덜어 줄 수 있으리라 모턴은 생각했다.

모턴은 커다란 플라스크에 에테르를 가득 담은 후에 우선 동물을 대상으로 실험을 했다. 처음에는 애벌레, 딱정벌레, 물고기에 실험했다. 그다음에는 닭, 애완견과 고양이를 대상으로 실험했다. 모턴은 각 동물들이 에테르 증기를 들이마시게 했다. 에테르 증기는 불 근처에 있으면 공기 중의 산소와 결합해 폭발을 일으킨다고 생각되었기에 사람에게는 유해하다고 여겨졌다.

에테르는 정말로 폭발력이 있을까? 모턴은 아직 확신할 수 없었다.

이 사실을 확인하기 위해 나는 삽에 에테르 1온스를 덜고 5.5미터 길이의 막대에 고정시켰다. 그리고 그 삽을 불이 붙은 가스등 아래로 가져갔다. 에테르 증기에 불꽃이 닿게 하기 위해서였다. 하지만 불이 붙지 않는다는 것을 확인한 후에 나는 1~2분 동안 그것을 들이마셨다. 불꽃에 대고 직접 숨을 쉬어도 위험하지 않음을 알았다.
나중에 불붙은 종이를 에테르 접시 위에 놓았고, 5센티미터 거리에서는 아무 일도 일어나지 않는다는 사실을 알아냈다.
그러나 1센티미터 거리로 불꽃이 가까이 가자 즉시 불이 붙었다.

모턴은 불꽃이 에테르 병이나 에테르를 흡입한 환자 가까이로 절대 가지 않게 했다. 에테르가 매우 인화성이 강할 뿐만 아니라 여러 면에서 위험한 물질이라는 사실을 감안하면, 그는 정말로 운이 좋은 사람이었다. 오늘날에는 에테르를 반드시 금속 용기에 넣어 금속 캐비닛에 보관하게 하고 있다.

모턴은 자신의 충치에 에테르 용액을 약간 뿌리고 그 위를 밀랍으로 봉함으로써 실험을 계속해 나갔다. 에테르가 서서히 충치가 있는 쪽 턱의 감각을 둔감하게 했다. 모턴은 에테르를 흡입하면 신체의 통증이 상당히 덜어질 수 있음을 증명하기 위해 실험을 계속했다. 모턴은 에테르를 적신 손수건을 코에 대고 흡입했다. 그가 몽롱한 느낌이 들었다는 사실은 "통증이나 의식을 느끼지 않고 충치를 뺄 수 있다"는 가능성을 암시했다.

에테르를 조금만 흡입해도 통증이 줄어들

동물보호 운동
윌리엄 모턴이 동물실험을 하던 무렵에 동물보호 운동이 일어나기 시작했다. 모턴의 실험 바로 직전에 영국에서는 왕립 동물학대 방지 협회가 설립되었고, 1866년 미국에서 동물학대 방지 협회가 발족되었다.

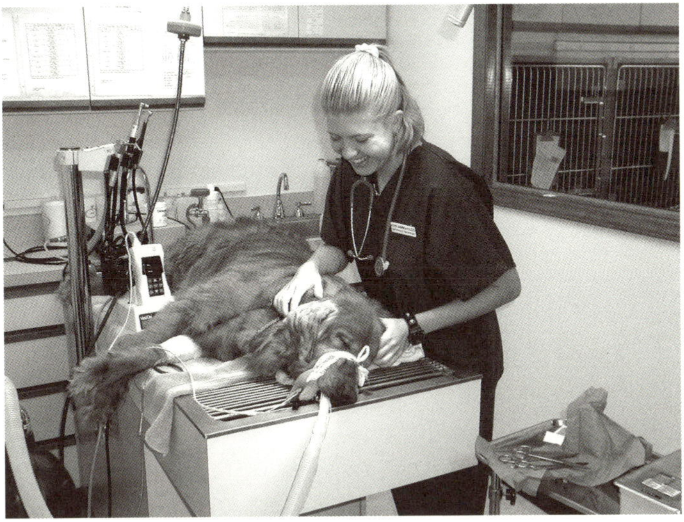

오늘날 동물을 마취할 때에는 동물의 기분을 세심하게 배려하고 있다. 이 사진은 노스캐롤리나 샬럿의 한 동물병원에서 수의사가 수술을 위해 골든 리트리버에게 마취제를 흡입시키는 광경을 보여 주고 있다.

것이라고 모턴은 믿었다. 그래서 에테르를 흡입하고 아픈 이를 뽑는 사람에게는 5달러(오늘날로 따지면 약 120달러)를 주겠다는 광고를 신문에 실었다. 그러나 자원자가 한 명도 나타나지 않았다. 결국 그의 치과에서 일하던 조수 2명이 자원했다. 그러나 모턴이 초기에 사용한 에테르는 순도가 높지 않았기 때문에 두 번의 수술 모두 고통스러웠다. 그때 화학자인 잭슨 박사가 순수한 에테르를 사용해 보라고 충고했다. 불순물이 섞인 에테르가 제 기능을 발휘 못 할 것임은 예견된 결과였다.

모턴은 이에 그치지 않고 자신의 몸에 실험함으로써 연구를 발전시켰다. 그의 아내 엘리자베스 모턴은 50년 후에 한 잡지에서 다음과 같이 말했다.

남편은 아주 고집스러운 사람이었어요. 순수한 에테르를 구하자마자 실험 대상을 기다리지 않고 병원에 틀어박혀서 자신에게 실험을 했어요. 몇 분 동안 의식을 잃고 누워 있을 정도로 남편의 실험은 성공을 거두었죠.

그날 밤 늦게 집으로 돌아온 남편은 매우 행복해했어요. 너무나 흥분해서 어떤 일이 있었는지 차분히 말할 수 없을 정도였어요. 나 역시 매우 흥분되어서 이야기를 기다릴 수 없었어요. 마침내 남편이 자신에게 한 실험에 대해 말해 주었어요. 남편이 혼자서 죽었을 수도 있겠다는 생각이 들었고, 그래서 마음이 너무 아팠어요.

전신마취와 국소마취

온몸의 감각이나 의식을 마비시키는 것은 전신마취라고 불린다. 심장 수술에는 전신마취가 사용된다. 몸의 일부를 마비시키는 것은 국소마취라고 한다. 예를 들어 안과 수술을 할 때에 의사는 환자가 말을 알아듣고 눈꺼풀이나 눈 근육을 움직일 수 있지만 눈 안의 감각은 마비되어 있기를 원할 수 있다. 이럴 때에 국소마취가 사용된다. 국소마취는 전신마취술이 실행되고 거의 40년이 지난 뒤에 도입되었다.

모턴은 시간을 재 보니 7분 내지 8분 동안 의식이 없었고 충치를 3개 뽑기에 충분한 시간이라고 말했다. 모턴이 자신에게 한 첫 번째 에테르 마취 실험은 성공적이었다.

그 실험이 있은 후에도 5달러의 보상금에 '에테르 실험' 에 참여하겠다는 자원자는 나타나지 않았다. 그래서 모턴은 자신의 몸에 또 다른 실험을 하기로 했다. 그는 조수에게 자신이 에테르에 마취되면 자신의 입안에서 썩은 이를 뽑아내라고 지시했다. 조수가 막 모턴을 마취하려고 할 때 초인종이 울리고 치통 환자가 찾아왔다. 에번 프로스트라는 음악가였는데, 에테르로 마취하고 시술을 받겠다고 동의했다. 이번에는 통증 없이 성공적으로 이를 뺄 수 있었다.

모턴은 즉시 이 치료 과정을 기록한 공식 보고서를 작성했다. 그와 프로스트, 실험을 도운 의사 헤이든이 보고서에 서명을 했다. 이 보고서는 1846년 11월 보스턴의 일간신문 「데일리 저널」에 실렸다.

> 11월 1일 : 어제 저녁 한 남자가 아무런 통증도 느끼지 않고 이를 뽑았다. 그는 준비된 에테르를 흡입하고 일종의 수면 상태에 떨어졌는데, 마취가 이를 뽑는 데 충분한 1분간 지속되었다.

모턴은 실험을 통해 어떻게 그리고 얼마만큼 주입하느냐에 따라 에테르의 효과가 달라진다는 사실을 알아냈다. 환자가 에테르를 적신 수건을 코에 댔을 때에는, 너무 많은 양의 에테르가 흡입되어 통증을 느끼지 못하는 대신에 무의식 상태에 빠졌다. 환자가 튜브로 에테르를 흡입했을 때에는, 흡입량이 너무 적어 의식은 깨어 있지만 통증을 다소 느낄 가능성이 있었다. 환자가 펄쩍 뛰어오르거나 몸부림치거나 소리를 지르는 등 소

최초의 에테르 마취 수술

1840년대 초에 의사 크로포드 W. 롱은 조지아 주의 제퍼슨에서 외과 수술을 위해 에테르 마취술을 사용했다. 1842년에 환자를 마취시키고 종양 2개를 제거하는 수술을 시작으로, 그 후로도 6번이나 더 마취 수술을 했다. 누구도 적절한 마취제의 양을 몰랐기에 에테르 사용은 상당히 위험한 행위였다. 두려움으로 인해 롱은 더 이상 마취를 하지 않았고 의학계의 누구에게도 말하지 않았다(물론 수술 장면을 목격한 증인들은 있었다).

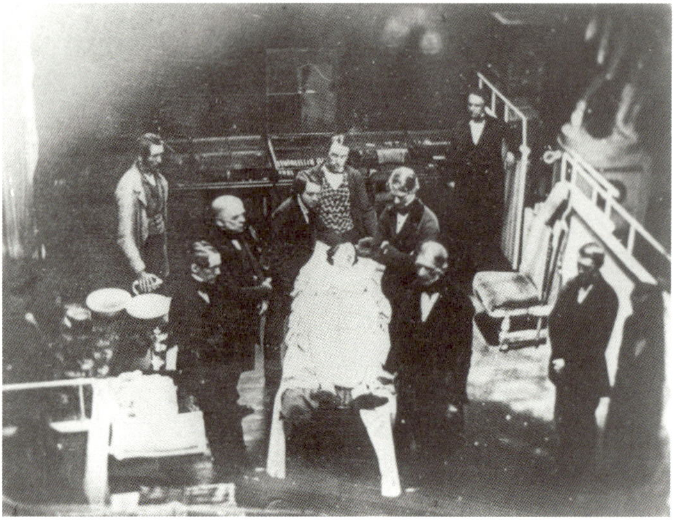

윌리엄 T. G. 모턴의 첫 번째 공개 마취 시연회를 재연한 모습이다. 이 장면은 모턴이 매사추세츠 종합병원에서 처음으로 마취 공개 시술을 했던 1846년 10월 16일로부터 60년이 지난 후에 재연되었다. 모턴의 역할을 맡은 배우가 환자의 머리 뒤에 정면을 향해 서 있다.

동을 부릴 가능성도 있었다.

모턴은 웰스의 아산화질소 공개 시연회가 열렸던 매사추세츠 종합병원을 다시 찾았다. 그는 하버드 의과대학의 외과 주임교수인 존 워런에게 에테르 수술을 해 달라고 부탁했고, 1846년 10월 16일 금요일에 실험이 허락되었다. 에드워드 애벗이라는 환자의 턱에 난 종양을 제거하는 수술이었다.

모턴은 오전 10시로 예정되어 있던 외과 수술 시간에 뒤늦게 나타났다. 에테르의 투입량을 조절하기 위해 만든 흡입기가 말썽을 일으킨 것이다. 투입량을 조절하는 튜브가 달린 에테르 흡입기의 크기는 야구공만 했다. 병원으로 달려오는 동안 그는 기계가 제대로 작동되기만을 빌었다.

프록코트를 입은 7명의 의사가 학생들을 거느리고 모턴의 공개 수술을 보기 위해 원형 강의실에 앉아 있었다. 이 실험의 '기니피그' 에드워드 애벗은 목을 드러낸 채 의자에 앉아 있었다. 새로운 의학의 역사가 막 시작되고 있었다. 워런 박사가 모턴에게 말했다. "자, 선생. 당신의 환자가 기다리고 있습니다."

모턴이 애벗에게 겁나지 않는지 물었다. 애벗은 아니라고 답하고는 에테르 흡입기의 튜브를 입에 물었다. 그가 갑자기 신음 소리를 내면서 팔다리를 버둥거리더니 두서없이 중얼거렸다. 그러고는 목소리가 작아지더니 축 늘어져 잠들었다. 모턴이 말했다. "워런 박사님, 환자의 수술 준비가 끝났습니다."

워런은 종양을 제거했고 5분 후에 깨어난 환자의 입술이 떨리기 시작했다. 애벗은 의식을 되찾은 뒤에 의사가 무딘 칼로 가볍게 문지른다는 느낌 외에 아무것도 느끼지 못했다고 말했다. 모턴은 안도의 한숨을 내쉬었다. 자신이 고안한 흡입기가 제대로 작동했던 것이다.

과학이 고통을 지배하다

의학의 새날이 밝아 왔다. 에테르의 효과를 믿지 못하던 워런이 청중들을 향해 "여러분, 이것은 사기가 아닙니다"라고 외쳤다고, 당시 매사추세츠 종합병원의 기록이 전하고 있다. 공개 수술에 반대했던 외과 의사 헨리 제이컵 비글로는 고백했다.

누가 진짜 발명자일까?
윌리엄 모턴은 자신이 최초의 마취술 발명자라라고 주장했다. 그의 주장 직후에 누가 '진짜' 발명자인지 분쟁이 벌어졌다. 1847년 무렵 모턴과 잭슨은 그 호칭이 자신의 것이라고 주장했다. 나중에 호러스 웰스가 이 분쟁에 가세했고, 자신의 실험을 비밀에 부쳤던 크로포드 롱까지 나섰다. 1847년에 매사추세츠 종합병원의 의사들이 미국 의회에 이 분쟁을 해결해 달라고 요청했으나 의회는 심사를 거부했다. 누가 진짜 마취제의 발명자일까?

"오늘 나는 전 세계가 그 결과에 귀 기울이게 될 엄청난 수술을 직접 목격했습니다."

에테르 마취술은 전 세계에 놀라운 속도로 급속히 퍼져 갔다. 불과 2달 후인 1846년 12월에 에테르는 독일에서도 쓰이고 있었다. 그 몇 달 후에는 세계의 수많은 외과 의사가 정식으로 사용했다. 1847년에 많은 사람들이 마취제를 자신이 발명했다고 떠들어댔다. 비록 법적으로 '발명자'가 가려지지는 않았지만 웰스와 모턴을 비롯한 많은 사람들이 자신이 발명했다고 주장했다.

마취제 분쟁이 일어난 지 1년도 지나지 않은 1848년에 웰스는 감옥에서 삶을 마감했다. 33번째 생일을 맞은 지 3일 후에 웰스는 뉴욕에서 행인들에게 염산을 뿌린 혐의로 체포되었다. 그의 새로운 기벽을 보여 주는 일화로, 그는 툼 '무덤'이라는 뜻 감옥으로 보내졌다. 웰스는 좌절과 부끄러움, 두려움에 짓눌려 제정신이 아니었다. 1848년에 그는 감옥에서 고통을 피하기 위해 클로로포름을 마시고 스스로 생을 마감했다.

웰스가 감옥에서 자살한 사건에 대해 「보스턴 의학 외과학 저널」은 부고란에 "정신이상이 계속 진행되었던 것으로 보인다"라고 적었다. 오늘날에도 여전히 웰스는 '마취제의 발명자'

로 불린다. 그가 죽은 지 22년 후에 미국 의과학회는 연례 회의에서 다음과 같은 결의를 채택했다.

> 마취제 발명의 영광은 코네티컷의 의사 호러스 웰스에게 돌리기로 결의한다.

웰스는 자신의 환자들에게 기체를 흡입시켜 통증을 덜어 주고 수술한 최초의 의사로서 인정되었다.

에테르로 마취제 특허를 따지 못하게 된 윌리엄 모턴은 흡입기를 제작해서 돈을 벌려 했지만 마음대로 되지 않았다. 당시에는 누구나 그 장치를 만들 수 있었다. 모턴은 의사 자격증도 따지 못했고 치과도 다시 열지 못했다. 그가 자신의 몸에 실

웰스의 조각상처럼, 보스턴 공원에 세워진 에테르 기념비는 모턴이 '마취제의 발명자'임을 지지한다(모턴의 이름이 직접 언급되지는 않는다). 기념비에는 이렇게 적혀 있다. "에테르를 흡입하면 통증을 느끼지 못한다는 사실의 발견을 기념함. 1846년 10월 보스턴의 매사추세츠 종합병원에서 최초로 증명됨."

찰스 토머스 잭슨

마취제에 대한 인체 실험 기록이 전혀 없는데도 찰스 토머스 잭슨은 계속해서 자신이 발명자라고 주장했다. 그의 주장은 프랑스 연구소의 지지를 받았다. 당시 프랑스는 미국 의학계에 막강한 영향력을 행사하고 있었다. 말년에 잭슨은 알코올 중독자가 되었고 결국 정신병원에 들어갔다. 그는 그곳에서 1880년에 75살의 나이로 죽음을 맞았다.

험을 했음에도 불구하고 이후에 에테르 마취제를 사용한 의사들보다 어떤 특혜도 누리지 못했다. 모턴은 웰스가 실패한 바로 그곳에서 성공을 거두어 웰스를 자살로 몰았다는 비난까지 받았다.

1868년 모턴은 찰스 토머스 잭슨이 자신을 '마취술의 발명자' 라고 주장하는 기사를 읽었다. 모턴의 아내 엘리자베스는 "전에 한 번도 본 적이 없을 정도로 남편은 화가 났어요"라고 말했다. 모턴은 그 잡지의 기자에게 항의하기 위해 뉴욕에 갔다. 며칠 후 센트럴 파크를 지나가던 마차 안에서 48살의 치과 의사 모턴은 뇌졸중을 일으켜 죽었다.

마취제의 발견에 얽힌 이야기가 슬프게 들릴지는 몰라도, 이것은 고통을 극복하는 가장 위대한 의학적 승리 중 하나였다. 마취하고 수술을 받아 본 사람이라면 누구나 이 이야기의 행복한 이면을 알 것이다. 매사추세츠 케임브리지의 오번 산악 묘지에 묻힌 윌리엄 모턴의 묘비에는 다음과 같이 적혀 있다.

W. T. G. 모턴

마취제의

발명자이자 발견자.

그 이전에 외과 수술은 고난을 뜻했으나

그를 통해 수술칼의 고문을

피하게 되고 고통은 사라졌나니.

그 덕분에 과학은 고통의 지배자가 되었느니라.

보스턴 시민들 세움

이제는 알아요!

■■ 오늘날의 의사들은 마취제의 양을 나이, 체중, 환자의 몸 상태에 따라 조정해야 한다는 사실을 알고 있다. 의사들은 아주 어린 아기조차도 안전한 투여량을 결정할 수 있다.

■■ 1900년대에 직접 정맥 속으로 주입하는 마취제가 발전하여 마취의 효과를 증대시켰다. 어떤 사람들은 정맥 마취제가 폐렴처럼 마취가스를 흡입함으로써 나타날 수 있는 폐의 위험을 예방하는 데 도움이 된다고 말한다.

■■ 19세기 말에 의사들은 척추 사이에 척수관과 요추 침 등의 주삿바늘을 꽂을 수 있다는 사실을 발견했다. 1898년에 독일 킬의 의사 아우구스트 비에르는 척수액을 제거하거나 마취제를 투입하는 데 이 방법을 썼다. 오늘날 외과 의사들은 하반신의 외과 수술에 척추 마취술을 쓰고 있다.

■■ 마취 수술이 시작된 이래로 의사들은 더욱 안전하게 오랫동안 외과 수술을 하기 위해서는 적절한 혈압, 맥박, 호흡수, 정상적인 심장박동을

유지시켜 환자를 안정시키는 것이 얼마나 중요한지 알게 되었다.

■■ 길고 깊게 마취된다는 것은 구토의 위험이 그만큼 더 커진다는 것을 의미한다. 마취가스는 구토를 일으켜서 위장의 내용물이 넘쳐 올라와 기도나 폐로 흘러들어갈 위험이 크다. 이 때문에 외과 수술 후 폐렴을 앓게 할 수도 있다. 그래서 마취과 의사와 외과 의사들은 마취가스의 양과 위험을 줄이는 새로운 방법을 찾아 나섰다.

■■ 발륨 가스를 사용한 마취는 치과나 다른 외과 수술의 통증을 덜어 주는 방법 중의 하나로 소개되었다. 비록 웰스와 모턴이 사용한 아산화질소도 오늘날 여전히 쓰이기는 하지만 획기적인 발명품이 계속 나와서 그 어느 때보다도 안전한 수술을 보장하고 있다.

다니엘 카리온 1857~1885

페루의 의대생으로 페루사마귀병의 원인을 밝혀내 페루에서 '국가의 영웅'으로 칭송되고 있다. 그의 이름을 딴 대학과 도시가 있다.

전염병균에 스스로 감염되다

페루사마귀병 퇴치

4

병원에서 치과 검진을 받거나 피를 뽑을 때 의사나 임상병리사가 투명한 고무장갑을 끼는 모습을 본 적 있을 것이다. 에이즈나 간염 같은 질병의 병균이나 박테리아에 감염되지 않기 위해서다. 병원에서 일하는 사람들은 날카로운 외과 기구나 치과 도구를 다룰 때 특히 주의를 기울인다. 자칫 찔려서 상처가 나면 병균이 혈액으로 침입하는 통로가 될 수 있기 때문이다. 고무장갑을 끼기 이전부터 의사들은 감염의 위험성을 잘 알고 있었다. 그런데도 총명한 의학도가 감염된 수술칼로 자신의 팔에 일부러 상처를 냈다면 어떻게 생각해야 할까?

페루사마귀병

1885년 8월 27일 페루 리마의 한 병원에서 다니엘 카리온이라

는 의학도가 자신을 병에 감염시킬 준비를 하고 있었다. 페루 사마귀병스페인어로 베루가 페루아나이라는 무시무시한 전염병이었다. 그는 해부할 때 쓰는 끝이 뾰족한 수술칼로 병원에 온 환자의 붉은 사마귀에서 혈액을 긁어낸 뒤에 자신의 몸에 접종했다.

의과대학의 동료 학생들과 빌라르 교수는 무모한 일이라고 말렸다. 카리온은 자신의 몸에 병균을 주입해 알려진 것이 전혀 없는 이 병에 대해 알고 싶었고, 어쩌면 자유의학 아카데미가 새로 만든 상을 받을 수도 있겠다고 생각했다. 그러나 이렇게 엄청난 위험을 무릅쓸 만한 일이었을까?

적혈구

피 한 방울에는 약 2억 5,000개의 적혈구가 있고, 적혈구는 훨씬 작은 붉은색 단백질인 헤모글로빈 2억 5,000개를 가지고 있다. 혈액이 폐를 거쳐 나올 때 헤모글로빈은 공기 중의 산소 분자와 결합한다. 탄수화물, 지방, 단백질 같은 음식 분자들을 태워 열에너지를 방출할 때처럼, 우리의 모든 신체기관은 활동을 위해 산소가 필요하다. 따라서 적혈구가 없으면 산소도 에너지도 있을 수 없다.

사실 이 병의 '사마귀'는 비정상적으로 자란 혈관 덩어리다. 그것은 아주 조그만 물집으로 시작되지만 이내 콩알만큼 커지고 자줏빛 도는 덩어리로 변한다. 때로는 작은 오렌지만 한 크기로 자라기도 했다. 사마귀는 환자의 코, 귀, 눈꺼풀, 다리, 팔에 불쑥 돋아났다. 때로 입안이나 내장기관 안에서 자라나기도 했다.

사마귀로 발전하기 전에 환자들은 열이 나거나 관절과 근육에 끔찍한 통증을 느꼈다. 또한 빈혈을 일으켰는데, 혈액 속에 들어 있는 적혈구 조직이 파괴되면서 창백하고 허약해진 것이다. 이 병에 걸리면 몇 주나 몇 달간 앓았

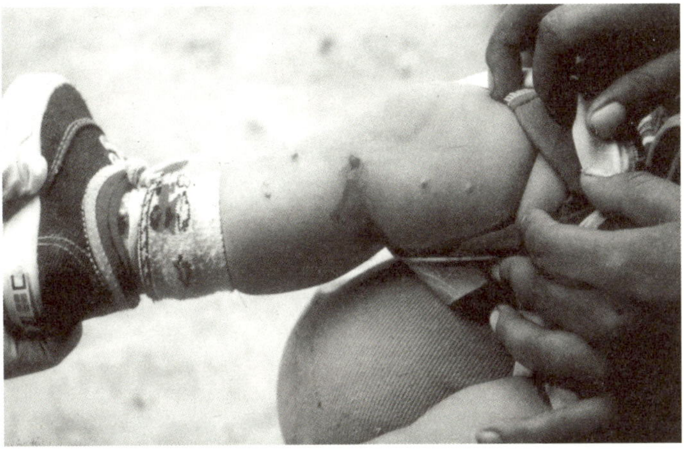

어린이의 다리에 돋아난 이 조그만 멍울이 바로 페루사마귀다. 이 멍울 속에는 피가 잔뜩 고여 있다.

고 그중 일부가 생명을 잃었다.

카리온은 이 모든 사실을 알고 있었다. 당시 그는 산마르코스 의과대학에서 6년 동안 수련을 받은 매우 뛰어난 학생이었다. 그는 페루사마귀병을 특별 과제로 정해 학위 논문을 쓸 작정이었다. 그래서 병원에서 페루사마귀병 환자들을 주의 깊게 관찰했고, 그때까지 그 병에 대해 알려진 모든 것을 공부했다. 그 질병의 위험을 속속들이 알고 있었다.

페루사마귀병은 그의 나라 페루에서 수백 년간 불행을 몰고 왔다. 안데스 산맥의 춥고 가파른 협곡에서 발병되었으나 병의 원인이 무엇인지 아무도 몰랐다. 어떤 사람들은 물이 나빠서라고 말했고, 흙에서 올라오는 연기나 독을 품은 개구리 탓을 하기도 했다. 몇몇 과학자들은 페루사마귀병이 오로야열병이라는 치명적인 질병의 "약화된" 형태라고 생각했다. 이 병으로 당시 산을 뚫어 철로를 건설하는 데 동원된 남미의 노동자와 중국인 노예 7,000명이 죽었다. 그러나 어떤 증거도 근거가 희박했다. 더욱 정확한 정보가 필요했고, 카리온은 이것을 밝혀내기 위해 의대에 가게 되었다. 그는 이 문제를 풀 사람은 페루인이어야 한다는 확고한 신념을 갖고 있었다. 그가 삶에서 어려움에 직면한 것은 이때가 처음은 아니었다.

다니엘 카리온은 1858년 1년 내내 얼음이 녹지 않는 광산지대인 세로 데 파스코에서 태어났다. 그의 가족은 스페인인과 인디언을 조상으로 둔 데에 자부심이 대단했다. 카리온은 산악지대의 인디언들처럼 키가 아주 작았다. 의사이자 변호사였던 그의 아버지는 카리온이 8살 때 세상을 떠났다. 카리온은 타르마에 살고 있는 친척의 집으로 보내졌다.

카리온은 14살이 되었을 때 페루의 수도인 리마에 있는 중학교에 진학했다. 타르마에서 리마로 가기 위해서는 5일 동안 말을 타야 했다. 온도가 영하 15도에서 25도까지 뚝 떨어지는 거친 산악 지역을 가로질러야 했다. 다행히 그는 리마로 가는 도중에 심심치 않게 출몰하던 산적 떼를 맞닥뜨리지 않았다. 그는 삼촌의 목장에서 방학을 보내기 위해서 10일에서 12일 동안 고된 말 타기를 했다. 21살에 의대에 들어간 후에 카리온은 수백 명의 환자들을 돌보기 위해 천연두 같은 치명적인 질병과 매일 접했다.

1879년에 일어난 태평양 전쟁으로 인해 카리온은 학업을 중단해야 했다. 칠레가 해안 지역의 광물을 차지하기 위해 페루와 볼리비아를 침공했던 것이다. 카리온은 막 수련의를 시작했지만, 부상당한 군인들을 치료하는 데 전력을 다했다. 특히 칠레가 페루의 리마를 침공한 후에 놀라운 활약을 보였다. 결국 1883년에 칠레가 전쟁에서 승리했고, 페루인 수천 명이 사망했다.

자신의 몸에 병균을 주입하다

슬픔과 분노에 싸인 채 카리온은 의과대학으로 돌아왔다. 그는 이제 26살이 되었다. 이미 갖은 고생으로 지쳐 있었지만 페루를 구하기로 마음먹었다. 그는 모든 에너지를 페루사마귀병 연구에 쏟아부었다. 수백 명의 페루사마귀병 환자가 그가 공부하던 병원으로 왔다. 이 병은 사마귀가 돋아나기 전의 잠복기가 길어서 초기에 감염 여부를 판단하기가 매우 어려웠다. 그래서 때때로 말라리아나 다른 열병으로 잘못 진단하여 치료하는 일이 벌어졌다.

카리온은 이 병의 초기 증상을 자세히 밝히기 위해서는 건강한 사람에게 병균을 접종할 필요가 있다는 결론을 내렸다. 이렇게 사람에서 사람으로 병이 옮겨진다는 사실이 밝혀진다면, 독개구리나 수질 나쁜 물이 아니라 세균에 감염되어 병에 걸린다는 사실을 보여 줄 수 있을 것이라고 생각했다.

그 해 1885년에 페루의 자유의학 아카데미는 페루사마귀병의 획기적인 치료법을 개발하는 사람에게 상을 주겠다고 공표했다. 전 세계의 누구라도 참여할 수 있었다. 이미 여러 명의 유럽 과학자들이 연구를 위해 페루사마귀 병균의 표본을 요청했다. 페루인이 상을 받으려면, 카리온도 바로 연구를 시작해야 했다. 페루 국민의 자존심을 지켜야겠다고 결심했다.

이 연구는 엄청난 위험이 뒤따르는 일이라서 카리온은 실험 대상이 되어 달라고 사람들에게 부탁할 수가 없었다. 그래서 그는 자신을 실험 대상으로 결정했다. 교수와 친구들이 지속적으로 위험을 경고했지만, 누구도 8월 27일 그의 실험을 막을 수 없었다.

카리온은 동료들에게 말했다. "어차피 일어날 일이라면 일어나는 법이야. 그런 건 문제가 아니야. 난 나 자신에게 주사를 놓을 거야."

카리온은 병균의 기증자로 14살의 소년 카르멘을 선택했다. 카르멘의 턱과 눈썹에 사마귀가 돋아 있었다. 하지만 소년은 이미 회복기에 접어들어 병세가 그리 심각해 보이지 않았다. 그는 소년의 오른쪽 눈썹 위에 난 사마귀에서 혈액을 채취했다. 카리온은 초조한 빛이 역력했다. 교수와 여러 의사가 그를 지켜보고 있었다. 그는 작은 수술칼로 자신의 몸에 스스로 접종하려 시도했지만, 누군가의 도움 없이 혼자서 하기 힘든 일이었다. 여러 사람에게 도움을 요청했지만 거절당했다.

결국 에바리스토 차베스라는 의사가 부탁을 받아들여 주사를 놓아 주기로 했다. 차베스는 카리온의 피부를 깨끗이 소독한 후에 양팔에 주사기로 두 곳씩 네 군데를 찔러 감염된 혈액을 주입했다. 20분 후에 주사를 놓은 부위들이 가렵기 시작했고 통증은 2시간가량 지속되었다. 이후 3주 동안 어떤 증세도 나타나지 않았다.

9월 17일에 드디어 증세가 나타나기 시작했다. 아주 중요한 실험이었기에 카리온은 매일 병의 진행 과정을 주의 깊게 관찰하고 기록했다. 이 일지는 이듬해 동료인 카시미로 메디나, 앙리크 메스탄사, 훌리안 아르세, 마리아노 알세단, 리카르도 미란다, 마누엘 몬테로가 공동으로 지은 책에 실렸다.

"오늘 오후에 걷는 동안에 왼쪽 족근골 관절에 약간의 불편함과 통증이 있었다." 그의 발목에 이상이 온 것이다.

9월 18일

위장에 문제가 생겼다. 카리온은 약을 먹었다.

9월 19일

고열 때문에 카리온의 이가 덜덜 떨리고 온몸이 아프기 시작했다. 머리, 가슴, 배, 뼈, 관절, 근육에 통증이 나타났다. 그는 침대에 누웠다. 그는 어머니만큼이나 사랑하는 여인의 집에 하숙하고 있었다. 이렇게 빨리 그녀의 간호를 받게 될 줄은 까마득히 몰랐다.

카리온의 검붉은 소변은 설명하기가 쉽다. 적혈구 조직이 파괴되면 그 속에 든 헤모글로빈이 쏟아져 나와서 혈액 속으로 떠다닌다. 혈액이 신장으로 들어갈 때 붉은 헤모글로빈 분자가 소변으로 걸러져 나오면서 붉게 보인 것이다.

9월 20일

"나는 혼수상태에 빠진 것처럼 몸이 마비되었다." 카리온은 음식을 먹고 싶었지만 보기만 해도 구토가 올라왔다.

그의 오줌 색깔이 검붉게 변한 것으로 보아 체내에서 출혈이 있거나 적혈구 조직이 파괴되었을 수도 있다. 하지만 카리온은 페루사마귀병 환자에게 빈혈이 나타난다는 것을 알고 있었으므로 걱정하지 않았다.

9월 22일

"벼룩에 물린 것처럼 붉은 반점이 나타났다. 코에도…… 눈썹 사이에도 있다."

아직 아스피린은 발명되지 않았지만, 카리온은 그와 비슷한 살리실산나트륨을 처방했다. 오른쪽 팔과 어깨가 움직이기 힘들 정도로 아팠다. 그는 더 이상 일지를 쓸 수 없었다. 그래서 6명의 친구들이 대신 기록했다. 친구들은 카리온의 증세와 카리온이 말한 것들을 모조리 기록했다.

카리온의 심장이 빠르게 뛰었다. 친구들은 그의 심장박동 소리가 비정상적으로 약해지고 작아진 것을 알았다.

9월 27일

카리온의 피부가 노랗게 변했다. 친구들은 그의 하숙집에 함께 머물기로 결정했다. 하숙집 여주인도 그를 정성스레 돌보았다.

카리온의 피부가 노랗게 된 것은 흔히 '황달'이라고 불리는 증세다. 이는 파괴된 헤모글로빈에서 만들어진 빌리루빈이라는 노란색의 화학성분 때문이다.

9월 28일

그날 아침 카리온이 말했다. "자네들은 내 병에 대해 너무 전전긍긍하네." 그는 병의 초기 증세가 거의 지나가고 있다고 확신했다. 곧 사마귀가 돋아나면 괜찮아질 거라고 생각했다.

그가 친구들에게 용감해 보이려고 이런 말을 했을 수도 있다. 사실 그의 병은 더욱 나빠지고 있었다. 심장박동 소리는 계속 작아지고, 변은 초록색으로 묽게 변했다. 한 의사가 그에게 약을 더 많이 먹였다.

9월 30일

카리온은 구토를 시작했다. 그가 말렸지만 친구들은 쉬지 않고 그를 돌보았다.

10월 1일

카리온이 말했다. "짧은 기간에 이렇게까지 쇠약해지다니 믿을 수가 없어……."

10월 2일

카리온은 현기증이 더욱 심해져서 고개를 들 수 없었다. 그의 맥박은 빨라지고 약해졌다. 그는 숨 쉬기 위해 산소호흡기를 달아야 했다.

그의 변은 검게 변했고, 간과 신장에 통증이 왔다. 그의 잇몸은 백지장처럼 창백했다. 눈은 푹 꺼지고 눈 밑이 거무스름해졌다. 뺨은 움푹 파였으며 코는 살이 빠져서 칼처럼 뾰족해 보였다. 귀는 유리처럼 투명해 보였다.

새로 의사 3명이 가세해서 그에게 적혈구 조직을 만들 수 있도록 철분을 처방했다. 그들은 또한 병균을 박멸하기 위해 페놀을 가루로 만들어 그의 방에 뿌렸다. 카리온은 여전히 구토가 계속되어 먹고 마실 수 없었다. 친구들에게 말을 할 때 자주 말이 끊겼는데 단어들이 떠오르지 않기 때문이었다.

그 무렵 카리온의 어머니도 병상에 있었지만 어머니를 찾아뵐 방도가 없었다. 사실 그의 병세는 매우 심각했다. 카리온은 자신의 병이 수많은 철도 노동자와 친구들을 죽음으로 몰아간 오로야열병에 속한다고 결론지었다.

페놀 소독

카리온이 산소호흡기를 통해 마신 산소는 도움이 되었을 테지만, 페놀 증기가 병세를 악화시킨 것이 틀림없다. 오늘날 페놀은 유독 물질로 분류된다.

오늘까지도 나는 내 증세가 페루사마귀병이라고 생각하고 있었다. 그러나 지금 우리의 친구 오리우엘라를 앗아간 그 열병에 내가 걸린 것이 분명하다. 그러므로 오로야열병과 페루사마귀병은, 알라르코 박사가 말한 것처럼, 똑같은 원인에 의해 발생한다는 사실이 명백해졌다.

친구들은 그가 오진을 내렸고 치명적인 질병에 걸리지 않았다고 설득했다. 그러나 그의 마음은 흔들리지 않았다. "죽음은 두렵지 않다네." 그는 친구들에게 고마움을 표하고 그들의 보살핌 덕분에 자신이 살아날 수 있을 것이라고 말했다.

10월 3일

카리온의 맥박은 달리기를 할 때처럼 1분에 120회가 뛰었다.

카리온의 심장이 가쁘게 뛰었던 것은 피를 보다 빨리 펌프질함으로써 신체기관에 산소를 더 많이 공급하려던 필사적인 시도였다. 그러나 산소를 실어 나를 적혈구가 부족했기 때문에 문제를 해결하지 못했던 것이다.

이 다리는 바르토넬라증(카리온병)으로 1871년에 7,000명의 철도 노동자가 희생된 안데스 고산 지대에 놓여 있다.

참을 수 없을 정도로 갈증을 느꼈다. 레모네이드와 와인을 섞은 물도 갈증을 달래지 못했다.

한 의사가 카리온의 혈액 표본을 현미경으로 관찰했다. 적혈구가 정상 수치의 5분의 1밖에 되지 않았다. 의사는 카리온에게 병원에 가서 건강한 사람의 피를 수혈해야 한다고 권유했다. 카리온은 집과 자신을 헌신적으로 간호하는 하숙집 여주인 곁을 떠나고 싶지 않았다. 그는 병원에 가기를 거절했다. 그는 가족과 병의 상황에 대해 얘기하면서 시간을 보냈다. "만약 지금 내가 오리우엘라를 죽게 한 오로야열병을 앓고 있다면 차라리 아무 생각도 하지 않는 게 좋을 거야. 담배나 피우세."

하지만 카리온은 정신착란 증세를 보이기 시작했다. 그는 담배에 불을 붙여 재빨리 반쯤 피우고 껐는데, 그러고 나서도 여전히 담배를 들고 있는 것처럼 손을 입으로 가져가곤 했다. 나중에는 숨을 가쁘게 몰아쉬더니 몸이 차가워졌다.

10월 4일

오전 11시에 카리온은 병원에 가기로 결정했다. 동료들이 들것에 카리온을 눕혔다.

그는 의대 친구인 이자귀레에게 "난 아직 죽지 않았네, 친구. 이제 자네가 내 길을 따라오면서 내가 시작한 일을 끝내 주게나"라고 비장한 표정으로 말했다.

그는 하숙집 여주인과 친구들을 껴안고 나서 마지막으로 자신의 방을 둘러보았다.

하지만 병원에서 의사는 수혈을 미루기로 결정했다. 수혈은 위험 부담이 큰 데다가 카리온의 병세가 매우 심각한 상태에 있었기 때문일 것이다. 카리온은 매우 화가 났다. 오로지 수혈을 위해 집을 떠나왔고, 친구들도 이미 헌혈에 동의했다. 의사는 카리온에게 더 많은 양의 산소와 페놀 소독을 처방했다.

수혈과 혈액형
1900년까지 의사들은 사람들의 혈액형이 다르다는 사실을 알지 못했다. 즉 A형, B형, O형, AB형이 있다는 사실을 말이다. 다른 혈액형의 피를 수혈하면 적혈구 조직이 엉키게 되어 죽을 수도 있다.

카리온의 의식이 오락가락했다. 페루사마귀병의 증세와 그것을 둘러싼 논쟁에 대해 두서없이 이야기를 쏟아내 알아듣기 힘들 때가 많았다. 이제 심각한 호흡곤란 증세를 나타냈다.

10월 5일

카리온은 때로 친구들의 이름을 불렀지만 그들이 가까이 가도 알아보지 못하는 것 같았다. 저녁 무렵 그는 혼수상태에 빠졌다. 소리를 냈지만 그가 무슨 말을 하는지 알아들을 수 없었다.

임종이 가까웠을 때 그가 프랑스어로 또박또박 말했다. "앙리크, 이제 끝났어."

11시 30분

그가 마지막으로 짧은 숨을 내쉬었다.

: 과학사랑에희생되다

다니엘 카리온의 죽음은 페루의 신문에 대문짝만 하게 실렸다. 수많은 사람이 카리온을 '과학의 영웅' 이라고 불렀다. 그러나 나중에 한 의사는 카리온에 대해 "끔찍한 행동으로 의사의 명예를 실추시킨 무지한 젊은이"라는 글을 신문에 실었다.

경찰도 관심을 보였다. 그의 죽음은 자살일까 타살일까? 병균에 감염된 혈액을 카리온에게 주입한 사람은 친구인 차베스였다. 경찰은 차베스를 구속하고 카리온의 사체를 부검하라고 명령했다.

많은 의학도가 경찰 쪽의 외과 의사가 부검하는 모습을 지켜보았다. 해부해 보니 그의 내장기관이 창백하고 간이 부풀어 있었다. 또한 카리온의 폐에 거품이 있고 혈액에 병균이 우글거렸다. 부검 의사들은 카리온이 자신의 몸에 한 인체 실험 때문에 사망했다는 결론을 내렸다.

카리온의 친구들은 신문사에 그가 얼마나 총명하고 헌신적이었는지를 알리는 편지를 보냈다. 또한 의사가 병을 제대로 진단하고 올바른 처방을 내리기 위해서는 병의 초기 증세와 시기를 아는 것이 얼마나 중요한지 의학적인 근거를 들어 조목조목 설명했다.

카리온을 가르친 빌라르 교수 또한 차베스와 카리온을 위해 열성적으로 증언했다. 그는 과거에 자신의 몸을 대상으로 실험한 의사들을 열거했다. 결국 차베스는 무죄로 풀려났다.

카리온의 장례식은 엄숙하게 치러졌다. 친구들이 카리온의 관을 들고 리마 거리를 지나갔고 애도객 200여 명이 묘지까지 따라왔다. 그의 묘비에는 다음과 같은 글이 새겨져 있다.

다니엘 A. 카리온
1885년 10월 5일
의과대학 6년 재학 중
자신의 과학 사랑에 희생됨

오늘날 의학은 페루사마귀병과 오로야열병이 같은 병균에 의해 발병된다는 사실을 밝혀냈다. 지난 100여 년 동안 이 수수께끼를 풀어 줄 몇 개의 단서들이 발견되었다. 의사들은 이제 어떤 박테리아가 병을 일으키는지 그리고 항생제로 치료가 가능함을 알고 있다. 조그만 모래파리가 이 병을 전파한다는 사이 사진에서처럼 햄스터의 귀에서 피를 빨아먹고 있는 모래파리가 사람에게 카리온병을 전염시킬 수 있다.

실도 밝혀졌다. 당시 모래파리의 위험성을 몰랐던 페루 사람들은 수십 년간 계곡에서 우글거리는 모래파리를 방치했다. 모래파리에게 물리지 않도록 조심하게 되면서 이 병에 감염되는 사람의 수가 확연히 줄어들었다.

오늘날에도 카리온은 페루에서 영웅으로 존경받고 있다. 그의 실험이 페루사마귀병의 치료법 개발에 박차를 가했기 때문이다. 그는 자신의 몸에 한 실험을 통해 이 병에 대해 온 나라의 관심을 불러일으켰고, 연구 시간을 단축시켰다. 쥐 같은 실험실의 동물로 실험을 계속했더라면 성공하지 못했다는 사실도 알게 되었다. 포유류 중에서 사람과 유인원, 일부 원숭이만이 이 병에 걸리기 때문이다.

페루의 리마에는 그의 이름을 딴 다니엘 카리온 열대의학 연구소가 있다. 또한 여러 도시에 카리온의 동상이 세워져 있을 뿐만 아니라 그의 이름을 딴 도시도 두 곳이나 있다. 그가 직접 기록하고 친구들이 이어받은 실험 일지는 산마르코스 대학에 후손들을 위해 보관되어 있다.

카리온 본인은 죽음을 맞았지만 의학에서 용감한 시작을 이끌어낸 것이다.

이제는 알아요!

■■ 사실 카리온을 직접 죽음에 이르게 한 원인은 페루사마귀병이 아니었다. 그는 이 병에 걸릴 정도로 오래 살지 못했다. 나중에 고열 증세는 이 병에 감염되고 몇 주 또는 몇 달 뒤에 나타난다는 사실이 알려졌다. 카리온이 병과 싸운 기간은 고작 19일이었다.

■■ 카리온이 죽은 지 20년 후에 페루의 미생물학자 알베르트 바르톤(1870~1950)은 현미경으로 적혈구 안에서 꿈틀거리는 박테리아를 발견했다. 이 균은 바르톤의 이름을 따서 바르토넬라 바실리포르미스라고 불린다. 이 균이 일으키는 질병은 바르토넬라증 또는 카리온병이라고 불린다.

■■ 바르토넬라균은 혈관과 적혈구 내에서 증식한다. 이 박테리아에 감염된 세포는 혈액 안에서 정상 적혈구를 감소시키면서 파괴된다. 적혈구는 영양대사와 그것에서 얻어진 에너지를 방출하는 과정에 필요한 산소를 공급한다. 만약 그 수가 너무 적으면 환자는 에너지가 부족해서 죽게 된다.

■■ 1937년 페루의 리마에 사는 물리학자이자 세균학자 막스 쿠친스키-고다르드(1890~1967)는 바르토넬라균을 자신의 몸에 접종한 후에 피부 표본을 현미경으로 검사했다. 그는 병에 걸렸지만 살아남았다.

■■ 1912년 C. H. T. 타운센드라는 과학자가 처음으로 진드기에서 바르토넬라균을 발견했다. 왜냐하면 그것들이 다른 질병을 옮기기 때문이다. 그러나 페루 사람들이 병이 날까 봐 두려워 밤이 되기 전에 페루사마귀병 만연 지역을 떠나는 풍습을 알고 나서, 그는 밤에 활동하는 곤충들을 관찰했고 드디어 모래파리를 찾아냈다. 영국 뱃사람이 모래파리에 물리겠다고 자원함으로써 그 연결고리를 확신하는 데 도움을 주었다. 그의 자기 인체 실험으로 오로야열병과 페루사마귀병에 대한 많은 연구 성과가 있었다.

■■ 바르토넬라균에 감염된 파리가 사람을 물었을 때 병균이 피부로 침투된다. 카리온의 주입 방법은 수백 마리의 파리가 문 것과 동일한 효과를 나타냈다. 카리온은 병균과의 전쟁에서 진 것이다.

■■ 오늘날 페루 사람들은 살충제를 뿌려 모래파리를 죽이고 있다. 또한 모래파리가 집 안으로 들어오지 못하게 모기장을 친다.

■■ 페니실린, 스트렙토마이신, 클로람페니콜이 병균을 죽이고 많은 환자들을 구할 수 있다.

■■ 카리온병은 이따금씩 나타나고 있다. 1997년과 1998년에는 페루에서 아주 심각하게 창궐했다.

■■ 1990년대 말에 미국항공우주국(NASA)의 기후 학자들과 미군에서 파견된 보건 전문가들은, 바르토넬라균으로 인한 최악의 사태가 엘니뇨로 인해 페루 연안 태평양의 수온이 올라간 몇 달 후에 나타났다는 사실에 주목했다. 이 연구로 다행히 공무원들이 모래파리 살충제를 뿌리는 최적기를 예측할 수 있게 되었다.

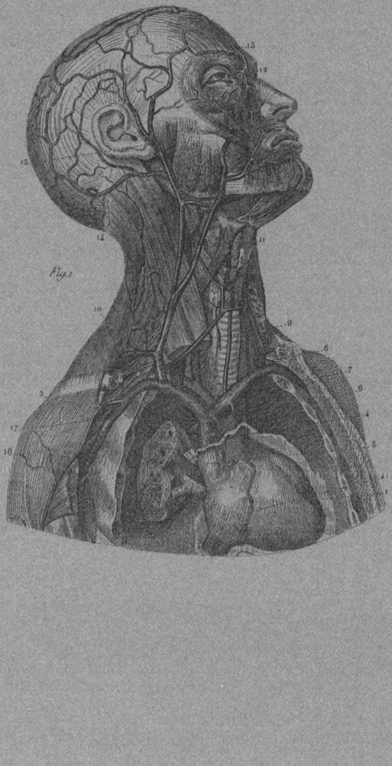
Fig.1

제시 러지어

1866~1900

미국의 의사로 1900년 쿠바로 건너가 황열병 위원회에 참가했다. 황열병이 모기를 통해 전파된다는 것을 몸소 증명한 그의 공적을 찬양하여 존스홉킨스 병원에 기념비가 세워졌다.

5 찰싹! 전 세계에서 모기 잡는 소리가 울리다

황열병 퇴치

모기가 팔에 앉으면 사람들은 손으로 찰싹 후려쳐 쫓는다. 모기는 쉽게 떨쳐낼 수 있지만 이내 가려움이 사람들을 괴롭히기 시작한다. 모기가 문 자리는 발갛게 부풀어 오른다. 하지만 부기와 가려움이 사라지면 사람들은 일상에 파묻혀 모기는 곧 잊어버린다.

하지만 이 모기가 위험한 열병을 퍼트린다면 어떨까? 그리고 그 병이 세계 곳곳에서 수백 명, 아니 수천 명을 죽게 했다면? 열병을 옮기는 것이 모기라는 사실을 모른 채 모기에 물려 계속 죽어간다면? 설상가상으로 몇몇이 범인으로 지목했지만, 사람들 대부분이 그깟 모기가 열병을 퍼뜨린다는 사실을 믿지 않았다면 어떨까?

세상에서 가장 무서운 모기 이야기

이 무시무시한 이야기는 100년 전에 실제로 벌어졌다.

1900년 9월 5일에 미국의 의사 제시 러지어는 사망률이 매우 높은 황열병을 전염시키는 것으로 추정되는 모기에게 두 사람을 물리게 했다. 황열병은 갑작스러운 오한과 침대 밖으로 떨어져 몸을 데굴데굴 구를 정도로 아픈 두통을 시작으로 환자들을 괴롭힌다. 그다음에는 고열이 나고 심장 박동수는 뚝 줄어든다. 피부는 노랗게 익어가고, 근육과 관절은 뭔가로 꽉 조이는 듯한 통증이 온다. 병의 막바지 단계에 가면 환자들은 피가 섞인 검은색의 구토물을 뱉어 낸다. 건강한 사람도 며칠 만에 죽을 수 있는 매우 위험한 전염병이다.

1793년 황열병이 미국의 필라델피아를 강타했다. 이 병으로 4,000명이 사망했으니, 당시 이 도시에 살던 10명당 한 사람이 죽은 셈이다. 저명한 내과 의사이자 미국독립선언문의 서명자인 벤저민 러시는 "모기는 병이 퍼지는 가을에 통상적으로 나타나는데 그해에는 비정상적으로 많았다"라고 적었다.

러지어는 내과 의사일 뿐만 아니라 유능한 세균학자로서 황열병이 얼마나 위험한 병인지 너무나 잘 알고 있었다. 그가 감염시킨 한 사람이 거의 죽을 지경에 이르렀지만, 러지어는 이 병의 전염 경로와 방역 대책을 알기 위해서 위험을 감수해야 한다고 생각했다.

두 차례의 실험으로 34세의 러지어는 모기가 황열병의 전염 매개체라는 사실과 전염 경로를 밝혀냈다고 확신했다. 한 차례만 더 실험하면 완벽히 증명할 수 있으리라 믿었다. 그러나 어떻게 죽음에 이를 수도 있는 병균을 3번째 실험자에게 옮길 수 있을까? 그리고 앞서 그런 어려운 결정을 한 이유는 무엇이었을까?

황열병 퇴치는 2년 전인 1898년 쿠바에서 일어난 미국-스페인 전쟁에 의해 앞당겨졌다. 100일 동안 적군의 공격을 받고 사망한 군인이 700명이었지만 장티푸스, 말라리아, 황열병 등 열대병으로 사망한 군인이 1,500명이 넘었다. 미군 의무사령부의 조지 스턴버그 사령관은 미군의 전염병 희생자를 줄이기 위해 전 세계의 의사들로 이루어진 대책위원회를 설립했다.

황열병 위원회는 월터 리드, 제시 러지어, 제임스 캐럴, 아리스티데스 아그라몬테로 이루어졌다. 월터 리드는 1900년까지 장티푸스와 말라리아를 효과적으로 방역했다. 그러나 '황색의 무법자' 황열병로 인해 해마다 수천 명이 목숨을 잃었다. 20세기 초에 네 의사는 황열병의 원인을 찾아내 퇴치하는 임무를 띠고 쿠바에 파견되었다.

1900년 6월 25일 황열병 위원회는 쿠바의 수도 아바나 근처에 미군이 주둔하던 라스 아니마스 병원에서 활동을 시작했다. 월터 리드가 위원장을 맡았고 위원들 각자 과제를 맡았다. 쿠바 출신의 의사 아그라몬테는 황열병 환자에게서 피부조직 표본을 뽑아내기로 했다. 캐럴은 현미경으로 이 표본을 검사했다. 러지어는 전염 경로를 알아내기 위해 자원자들에게 병균을 접종하기로 했다. 월터 리드의 전기에 따르면, 러지어는 "황열병이 모기에 의해 전염된다고 생각한 최초의 위원이었다."

1900년 황열병 실험이 시작된 쿠바의 미군 주둔지에 군인들이 모여 있다.

러지어는 채집한 모기 알들을 부화시키고 길러 거즈로 덮은 시험관에 한 마리씩 집어넣었다. 그는 이 모기들을 "새"라고 불렀다. 그는 암컷 모기가 황열병에 걸린 환자를 물게 하려고 했다(수컷 모기는 물지 않는다).

왜 황열병에 이미 감염된 사람들을 모기가 물게 했을까? 러지어는 모기는 황열병의 매개체일 뿐이고 원인이 아니라고 생각했다. 이 생각이 맞는다면 모기가 감염자로부터 황열병을 일으키는 병균을 뽑아서 비감염자에게 옮겨야 한다.

다음에 러지어는 황열병 비감염자를 모기가 물게 했다. 사람들은 죽음의 위험을 무릅쓰고 실험 대상으로 참여했다. 다른 동물이 병에 걸리게 할 수 있다고는 짐작도 못 하던 시절이었다.

모기에 물리는 실험을 하다

황열병 위원회가 활동을 시작한 1900년 미국에서는 여전히 수많은 사람이 '흑토병'으로 아까운 생명을 잃고 있었다. 흑토병은 1668년 미국 동부에서 흑사병페스트으로 죽은 사망자 수를 뛰어넘은 황열병을 가리키는 다른 끔찍한 이름이다. 1668년에서 1893년까지 미국에서만 무려 132차례 황열병이 발생했다. 1800년대에 총 30만 명이 황열병에 걸렸고, 그중 10만 명이 사망했다. 1878년에는 미시시피 계곡 주변에서만 15,932명이 목숨을 잃었다.

흑토병
황열병은 혈액의 응고력을 파괴하여 체내 출혈을 일으키는데, 대부분 위장에서 출혈이 나타난다. 혈액은 위산에 의해 볶은 커피콩처럼 검게 변한다. 이 병의 마지막 단계에서 나타나는 '검은색 토사물'의 원인이 된다.

러지어의 일은 자원자들을 황열병에 감염된 모기에 물리게 하는 것이었다. 감염 경로를 증명해 수십만 명의 생명을 구할 수 있다고는 하지만, 여전히 3번째 자원자를 감염시켜야 할지 주저했다.

러지어는 마지막 실험 대상이 누가 되어야 할지 알고 있었다. 러지어 자신에게 생명을 무릅쓸 권리를 가진 사람이어야 할 것이다. 바로 자신이 3번째 실험 대상이어야 했다. 다른 위원들이 여전히 황열병 전염에 대한 모기의 역할을 의심하고 있었기에 러지어는 자신이 실험 대상임을 누구에게도 말하지 않기로 했다.

이집트숲모기

전 세계에 서식하는 모기는 3,000여 종에 달한다. 그중 이집트숲모기(라틴어로 '불쾌한 이집트인Aedes aegypti'이라는 뜻을 가짐)는 거미줄 같은 날개에 약한 다리를 가지고 있고 머리카락 같은 안테나가 달려 있다. 1초에 600번 날갯짓을 해도 그리 멀리 가지 못한다. 이집트숲모기는 사람들 주변에 매달려 있기를 좋아하고, 이산화탄소가 많이 포함된 날숨이 암컷을 유인한다. 암컷 모기는 사람을 찌르는 것이 아니라 머리카락보다 가는 입으로 우아하게 쏜다. 암컷은 알을 낳기 위해서 사람의 단백질이 필요하다. 피를 백만분의 1갤런 정도 마신 후에 축축한 곳에 알을 낳는다. 모기의 알은 부화 조건이 갖추어질 때를 기다리면서 5년 동안이나 살아남아 깨어날 수 있다.

1900년 많은 의사들은 여전히 전염병의 원인이 나쁜 기운miasma이라고 믿고 있었다. 땅에서 새어나온 나쁜 기운, 부패한 짐승이나 식물의 성분이 공기에 실려 전염병을 옮긴다고 생각했다. 사람들이 이 나쁜 기운을 들이마셔 전염병에 걸린다는 믿음이 퍼져 있었다. 지독한 하수관의 악취가 이런 믿음을 더욱 굳건하게 했다. 하지만 19세기 전반 세균에 의해 전염병이 생긴다는 세균병원설이 등장했다. 프랑스의 미생물학자 루이 파스퇴르는 너무 작아 눈에 보이지 않는 미생물이 전염병을 일으킨다는 사실을 증명했다.

1900년 9월 13일 러지어는 시험관 마개를 열어 팔에 갖다 댔다. 시험관 안에는 황열병을 퍼뜨리는 주범으로 여겨지는 이집트숲모기가 있었다. 그는 시험관을 두드려 모기가 자신의 팔에 날아와 앉기를 기다렸다. 모기는 시험관 안에서 앵앵 날아다닐 뿐 물려 하지 않았다.

러지어는 모기를 통해 황열병이 전염된다고 주장했지만, 당시 19세기에는 모기를 통한 전염을 주장하는 과학자는 아주 극소수였다. 1898년에 영국의 병리학자 로널드 로스가 황열병과 비슷한 말라리아가 모기를 통해 전염된다는 사실을 증명하면서 더 많은 의학자들이 믿기 시작했다.

모기가 러지어의 팔에 날아 앉았고 모기가 물기를 기다렸다. 하지만 모기가 황열병을 옮긴다는 사실을 사람들이 믿어 줄지 걱정스러웠다. 나쁜 기운이 병을 옮긴다는 믿음을 사람들이 버리지 않으면 어떡하지?

1900년 대부분의 의사는 음식물 또는 접촉된 물건을 통해 병이 감염된다고 믿고 있었다. 옷, 수건, 침대보 등 환자와 접촉한 물건이 병원균을 옮긴다고 생각되었다. 병원균이 묻은 물건을 접촉하면 건강한 사람에게로 병원균이 옮아 간다고 믿었다.

황열병 위원회의 조사에 따르면, 감염자들과 가까이에서 일하고 그들의 체액이 묻은 병원 물품을 다루는 간호사와 위생병이 그렇지 않은 사람들에 비해 황열병에 더 많이 걸리지 않았다. 그래서 위원회는 물건을 통한 감염도 연구하기로 했다. 하지만 시간을 아끼기 위해 일단 황열병의 전염 매개체에서 제쳐 두었다. 또한 이탈리아 과학자 주세페 사나렐리가 황열병을 일으킨다고 주장한 황달균도 일단 배제했다.

마침내 모기가 러지어의 팔에 침을 꽂았다. 러지어는 미소를 지으며 모기가 자신의 피를 잔뜩 빨도록 놔두었다. 모기가 피를 다 빨아먹자 러지어는 팔에서 시험관 입구를 떼어 내고 모

모기 전염론

가장 비웃음을 많이 받은 모기를 통한 전염론의 신봉자는 쿠바의 내과 의사이자 세균학자인 카를로스 핀레이 박사였을 것이다. 1881년부터 1895년까지 104명을 대상으로 황열병을 감염시키는 실험을 해 그 병에 대해 알 수 있었다. 그러나 그의 실험 대상 중에서 겨우 3명이 황열병에 걸렸다. 그리고 그들은 다른 질병의 원인이라고 여겨지는 것에도 동시에 노출되었다. 대부분의 의사에게 핀레이는 말더듬이 꼬마 '모기 인간' 이었을 따름이다.

병균에 감염된 물건을 통해서도 전염이 이루어지기 때문에 병균 매개물 이론에 의문을 제기하는 과학자는 거의 없었다. 그래서 과학자들은 황열병 환자들이 접촉한 모든 물건을 소독해야 한다고 주장했다. 1800년대에는 황열병 창궐 지역에서 온 모든 편지는 구멍을 뚫어서 포름알데히드 가스로 소독을 했다.

기가 도망가지 못하게 거즈로 덮었다. 그러고 나서 시험관에 모기에게 물린 시간 "1900년 9월 13일 오전"을 적은 쪽지를 붙였다. 작은 갈색 수첩에 새로운 숫자를 적어 넣었다. 수첩에는 자원자들에게 행한 이전의 실험이 자세히 기록되어 있었다.

이전에 모기에 물리겠다고 자원한 사람들은 누구였을까? 이미 황열병 항체를 갖고 있던 아그라몬테를 빼고 모든 위원이 자원했다. 하지만 정작 제의를 받아들이고 모기에 물린 사람은 캐럴뿐이었다.

1900년 8월 초 리드 위원장은 장티푸스에 대한 연구 보고를 위해서 워싱턴에 가고 없었다. 이것은 우연의 일치였을까? 러지어의 실험실 주변에 머물렀다면 병에 감염될까 봐 리드가 걱정했던 것일까? 실제로 몇몇 사람들은 이런 의심을 품었다. 여전히 위원들이 아닌 사람들이 먼저 나섰고, 10명이 감염된 모기에 물리겠다고 자원했다. 그러나 8월 내내 단 한 명의 자원자도 황열병에 걸리지 않았다. 위원들은 의기소침해졌다.

8월 말에 드디어 처음으로 자원자 한 명이 황열병에 감염되었다. 실험에 대한 기대만큼이나 두려움도 컸다. 캐럴은 거의 죽을 지경이 되었다. 두 번째로 윌리엄 딘 이등병이 감염되었는데 증세는 그리 심각하지 않았다. 순서에 따르면 러지어는 3번째로 황열병에 감염되었다.

1900년 9월 8일에 러지어는 8월 23일 둘째 아이를 낳은 아내 메이블에게 편지를 썼다. 러지어는 딸을 얻은 기쁨만큼이나 비밀 실험에 대한 흥분을 표현했다. "이제 병균의 뒤를 바짝 따라붙었다고 믿어. 하지만 말해서는 안 돼. 단서조차도 말하지 마. 아직 누구에게도 얘기하지 않았거든."

: 러지어의 실험일지

사실 위원회에 실망한 러지어는 캐럴이 감염되기 직전에 자신

황열병 위원회의 위원. (왼쪽부터) 월터 리드 위원장, 제시 러지어, 제임스 캐럴, 아리스티데스 아그라몬테.

에게 몰래 감염을 시도했다. 그러나 감염된 모기에게 물릴 적절한 시간대를 맞추지 못해 실패했다. 훨씬 많은 정보를 바탕으로 러지어는 다시 한 번 감염을 시도했다. 러지어는 감염된 모기를 실험실로 갖고 가 실험을 시작했다.

1주일 후에 러지어는 큰 위험을 무릅쓴 시도가 황열병 감염이라는 결과로 나타날지 확신하지 못했다. 그는 아직 자신의 감염 실험을 다른 위원들에게 말하지 않았다. 그리고 캐럴은 여전히 러지어가 감염시킨 황열병을 앓고 있었다. 9월 18일에 러지어의 몸이 아프기 시작했다. 그는 일을 해야 했지만 종일 자신의 방에 틀어박혀 있었다. 다른 위원들에게 비밀로 하기 위해서였다.

결국 러지어는 아주 심하게 앓기 시작했지만 "기운이 없다"라고만 말했다. 몸은 불편했지만 주머니 속의 작은 수첩을 톡톡 두드리며 미소를 지었다. 이제 모기가 황열병을 퍼뜨리는 매개체임을 증명할 수 있는 날짜와 자료가 확보되었다고 믿었다. 그러고 나서 곧 위원들 앞에서 쓰러졌다. 오한과 망치로 두

드리는 듯한 두통이 밀려들었다. 마침내 동료들도 그의 감염 사실을 알게 되었다.

이튿날 정오에 황열병의 다른 증세가 나타났다. 체온이 39도까지 오르고, 심장 박동수는 1분에 112회로 떨어졌다. 심장 박동수는 1분에 70회가 정상인데 열이 오름에 따라 보통 증가하게 되어 있다. 하지만 황열병의 경우 적혈구가 파괴됨으로써 혈압이 떨어지고 이는 곧 심장 박동수의 하락으로 나타난다. 112회는 정상인 70회보다는 높지만 체온이 39도 이상 오른 상태에서는 충분하다고 볼 수 없다. 몇 시간 후에 열이 계속 오르고 심장 박동수가 104회로 떨어졌다. 피부는 불그스름하게 변하고 무릎과 근육은 끊어질 듯 아팠다. 잇몸에서는 피가 났다. 러지어는 의사들이 이제껏 보아 온 환자 중에서 가장 지독한 황열병에 걸렸다.

캐럴은 나중에 기록했다. "러지어가 발병한 지 3~4일 후 살아 있는 모습을 마지막으로 보았을 때 그의 눈에 드리운 죽음의 기운을 결코 잊을 수 없다."

이튿날 러지어의 병은 잠시 물러간 듯 보였다. 착각일 뿐이었다. 과학자들이 '태풍의 눈'이라고 부르는 시기에 있었던 것이다. 그다음 날에 최악의 사태가 벌어졌다. 러지어가 병에 걸렸다는 소식을 미국에 전보로 알렸지만 가족에게는 전해지지 않았다. 소식을 들은 존스홉킨스 대학의 교수이자 저명한 내과 의사 윌리엄 오슬러는 러지어가 매우 염려스러웠다. 그래서 워싱턴의 조지 스턴버그 사령관에게 상황을 자세히 알려 달라는 전보를 쳤다.

셋째 날, 러지어의 온몸이 누렇게 변했다. 황열병 균은 지방 대사를 위한 담즙을 생산하는 간세포를 공격한다. 간세포가 파괴되면 간의 노란 담즙이 혈액과 피부 세포로 흘러들어가 피부를 노란빛으로 변하게 한다. 러지어가 검은색 피를 토하기 시작하자 동료들은 생명을 구하기 위해 필사적으로 노력했다. 9월 25일에 고열로 인한 발작 끝에 제시 러지어는 숨을 거두었다.

러지어가 죽던 날, 리드 위원장은 워싱턴에서 편지를 보냈다. "동료들이 황열병으로 고생하는 동안 이곳 안전한 나라에 와 있는 저 자신이 너무나 부끄럽군요."

11월 3일 쿠바로 돌아온 리드는 러지어가 황열병에 걸려 죽었다는 소식을 듣고 슬픔에 빠졌다. 동료의 죽음에 책임을 통감하고 침울한 듯 보였다. 그는 자주 언짢은 기색을 보였고 웃음을 잃었다. 리드의 푸른 눈에서는 총명한 기운이 사라졌다. 쿠바를 떠나 있었다는 죄책감에 시달렸던 것일까?

리드는 캐럴, 아그라몬테로부터 그동안의 실험 결과를 전해 들었다. 혼자 있을 때에는 마치 죽은 러지어와 대화를 하듯 그의 수첩을 토대로 연구에 몰두했다. 수첩에 거듭 등장하는 두 개의 숫자가 모기 실험의 수수께끼를 해결해 줄 것이라 생각했다.

'러지어 진지'에서 자원자, 일꾼들과 함께 있는 월터 리드(오른쪽에서 두 번째로 서 있는 사람).

캐럴과 딘, 러지어를 황열병에 걸리게 한 모기는 감염자가 발병한 지 3일 안에 물어 감염된 모기였다. 자원자들을 감염시킨 시점은 감염된 지 적어도 12일이 지난 뒤였다. 3과 12이라는 숫자가 황열병 감염의 중요한 열쇠로 생각되었다.

더 많은 증거 자료를 확보하기 위해 위원회는 콜롬비아 미군 수눈지에서 1.6km 떨어진 곳에 실험실을 지었다. 희생된 동료를 기려 '러지어 진지'라고 이름을 붙였다. 그곳에서 세 의사는 동료의 생명을 앗아간 실험을 계속했다. 실험 자원자에게는 100달러를 금으로 주고 황열병에 걸리면 100달러를 더 주기로 했다.

이 실험 때문에 러지어가 죽었다는 사실이 알려졌지만 4명의 자원자가 용감하게 나섰다. 모두 군에 종사하는 자원자들은 12일 전에 발병한 환자가 병에 걸린 지 3일째 되는 날 문 모기에게 11월 20일, 23일, 26일, 29일에 물렸다. 그러나 아무도 황열병에 걸리지 않았다. 3/12라는 열쇠가 효력이 없었다.

설상가상으로 모기가 황열병을 옮긴다는 리드와 위원회의 주장에 대해 조지 스턴버그 사령관을 비롯해 많은 사람들이 의심의 눈길을 보냈다. 「워싱턴포스트」 지는 "생각할 가치도 없는 가장 멍청한" 이론이라고 비난했다.

리드 위원장은 3/12이라는 열쇠가 실패한 데에 당황했다. 모든 실험은 러지어의 수첩에 기록된 그대로 실시했다. 아무것도 바꾸지 않았다. 그 사이에 달라진 게 있었던 것일까? 갑자기 불어온 싸늘한 바람이 원인이 되었던 게 틀림없다. 11월 중순의 쌀쌀한 날씨가 모기의 신진대사를 늦추었던 것이다. 환자로부터 입수한 바이러스는 모기의 위에서 12일 동안 배양된다. 모기는 다 자란 바이러스를 침을 통해 이리저리 옮기게 된다. 날씨가 추워지면서 바이러스의 배양 기간이 늘어났던 것이다.

12월 5일에 4명의 자원자 중 존 키신저 이등병이 다시 한 번 모기에게 물렸다. 이번에는 15일, 19일, 21일 전에 물어 감염된 3마리의 다른 모기에게 물리게 했다. 러지어가 죽은 지 2개월이 지난 12월 8일경 키신저 이등병은 실험실에서 배양한 병균에 의해 최초로 감염되었다. 잇달아 5번 더 실험을 실시했다. 총 7번 실험 중에서 6번 성공했다. 이번 실험 대상 중 아무도 죽지 않았다. 제시 러지어만큼 증세가 심각하지 않았다. 드디어 이집트숲모기를 통해 황열병이 전염된다는 사실이 밝혀졌다.

황열병 위원회는 병균에 오염된 물건을 통해 전염된다는 주장에 대해 줄곧 의심을 품고 있었다. 그해 가을에 이 주장을 밝히기 위해 "감염된 옷과 침대용품으로 이루어진 건물"을 러지어 진지 안에 지었다. 11월 30일에 3명의 실험 자원자가 빛도 바람도 들지 않는 오두막에 격리되었다. 오두막 안은 35도를 유지해 항상 후덥지근했다. 실험자들은 감염자의 물건 중에서 가장 심하게 오염된 물건을 한 상자씩 받았다. 상자에는 환자의 땀과 피, 토사물이 범벅이 된 침대보, 베갯잇, 담요가 들어 있었다.

작은 오두막 두 채는 제시 러지어가 죽은 후인 1900년 11월에 모기 실험을 계속하는 데 사용되었다. 이 오두막은 모기 실험실이 있던 곳인데, 3/12 열쇠가 마침내 효과를 보게 되면서 6명의 자원자가 여기에서 황열병에 걸렸다. 작은 시골집처럼 보이는 두 번째 오두막은 오염된 물건을 통한 전염 실험에 사용되었다.

실험자들은 구역질을 느꼈지만 오염된 물건들로 침대를 꾸미고 잠들려고 노력했다. 이들은 무시무시한 황열병균 소굴에서 20일 동안 지냈지만 누구도 병에 걸리지 않았다. 두 번째 그룹은 21일 동안 오두막에서 지냈다. 게다가 빨지 않은 환자복을 입고 있어야 했다. 이번에도 한 사람도 병에 걸리지 않았다. 세 번째 그룹은 1901년 1월 11일부터 31일까지 오두막에서 지냈다. 이번에는 환자의 혈액이 묻은 수건으로 베개를 둘렀다. 리드 위원장은 한 과학 잡지에 "한 명도 황열병에 걸리지 않았다"라는 보고서를 실었다.

유일한 여성 자원자

클라라 루이스 마스는 황열병 실험에 자원한 유일한 여성이었다. 그녀는 미국-스페인 전쟁 때 의무대에 근무한 25살의 간호사로서, 황열병 위원회가 실시한 실험에 참가한 10명 중 한 사람이었다. 이 실험은 후앙 기테라스의 주도로 1901년 2월 23일부터 11월 17일까지 실시되었다. 마스는 실험 도중에 죽었다. 1976년에 황열병 실험 75주년 기념식에서 간호사 마스를 기리는 기념우표가 발행되었다.

파나마 운하

1905년에 파나마 운하에 파견된 미국의 의무대 대장 윌리엄 고거스와 대원들은 파나마에서 모기를 박멸했다. 이 모기는 25,000명의 프랑스와 미국 건설 노동자들을 황열병으로 죽음에 이르게 해 27년이나 파나마 운하의 건설을 지연시켰다. 파나마 운하는 1914년에 개통되었다.

드디어 1901년 2월에 황열병 위원회의 임무가 끝났다. 의학계는 철저하고 계획적으로 통제된 실험에 완전히 설득되었다. 황열병 위원회가 실험 결과를 발표한 직후에 모기 박멸을 위한 조직적인 운동이 대대적으로 시작되었다.

황열병 위원회가 위치한 쿠바의 아바나에서도 대대적인 모기 박멸 운동이 벌어졌다. 아바나에서 해마다 천 명이 황열병으로 죽었다. 아바나에 주둔한 미군 부대의 수석 의무장교인 윌리엄 고거스는 모기의 서식 가능성이 있는 곳을 없애기 위해 의무병들과 함께 이 건물 저 건물을 누볐다. 그들은 연못과 물웅덩이, 심지어는 물주전자까지 없애 버렸다. 모기가 물이 고인 곳이라면 어디나 알을 낳기 때문이었다. 처음으로 모기 박멸 운동을 펼친 1901년에 아바나에서는 20명의 희생자가 발생했다. 그해 사망자수는 전해에 비해 98퍼센트나 줄어들었다.

제시 러지어가 아무에게도 말하지 않았지만 그의 인체 실험이 수첩으로 인해 세상에 알려졌다. 월터 리드는 그제야 진실을 알았다. 이 수첩은 1902년 그의 책상서랍에서 사라졌다. 러지어가 자살한 것이라고 보험회사가 주장하지 못하게 없앴다고 추측하는 사람들도 있었다.

그 이후로 60년 동안 전 세계에서 단 21명의 황열병 환자가 보고되었다. 1900년 황열병 위원회는 19세기를 떨게 한 전염병을 옮기는 모기를 때려잡았다.

이제는 알아요!

■■ 황열병을 퇴치하기 위해 전염 매개체인 이집트숲모기의 박멸뿐만 아니라 1937년에 황열병 백신이 개발되었다. 남아프리카공화국 출신의 세균학자 막스 타일러가 황열병 백신을 개발했다. '17D' 라고 불리는 이 백신은 아직도 황열병 예방에 쓰이고 있다.

■■ 1960년 21개 나라가 이집트숲모기가 박멸되었다고 발표한 후에 더 이상 모기 박멸 운동을 하지 않았다. 그러나 1997년에 다시 전염병이 발생했다. 역시 모기를 통해 전염되며 고열, 심한 두통, 관절통 등 독감과 증세가 비슷한 뎅기열이 출현한 것이다.

■■ 1960년대 이후 모기의 재출현은 미생물에 의해 분해되지 않는 물질이 전 세계에 버려지는 데 원인이 일부 있다. 이것들이 모기가 배양되는 이상적인 거처가 되고 있다. 비가 올 때마다 버려진 장난감과 타이어 등에 물이 고이면서 모기가 알을 낳을 웅덩이가 만들어진다.

■■ 1996년에 3,000종의 모기 중 400종이 장티푸스, 말라리아, 황열병 등의 전염병을 옮기는 것으로 알려졌다. 전 세계 인구의 1/8인 7억 명이

해마다 감염되는데, 그중 3백만 명이 사망한다.

■■ 1997년에 미국 연방정부는 위험한 살충제인 말라티온을 뿌려 모기를 박멸하는 데 1년에 200만 달러를 낭비했다.

■■ 최근에 남미에서 황열병이 유행하면서 과학자들은 모기가 정글 원숭이로부터 바이러스를 사람에게 전염시킨다는 사실을 알아냈다. 바이러스에 감염된 정글 원숭이들은 바이러스를 증폭하는 숙주 역할을 하고 있다. 한때 황열병은 모기 박멸로 사라질 수 있다고 확신했지만, 이제 전염 매개체인 모기와 원숭이의 수가 너무 많아서 이에 대처하는 것은 불가능하다.

■■ 오늘날 황열병의 재출현에 러지어의 이론이 더 이상 유용하지 않게 보일 수도 있다. 하지만 이렇게 생각하기를 바란다. 만약 황열병의 전염 매개체 이집트숲모기를 발견하지 못했더라면, 해마다 수많은 사람이 죽음에 이를 수도 있었다.

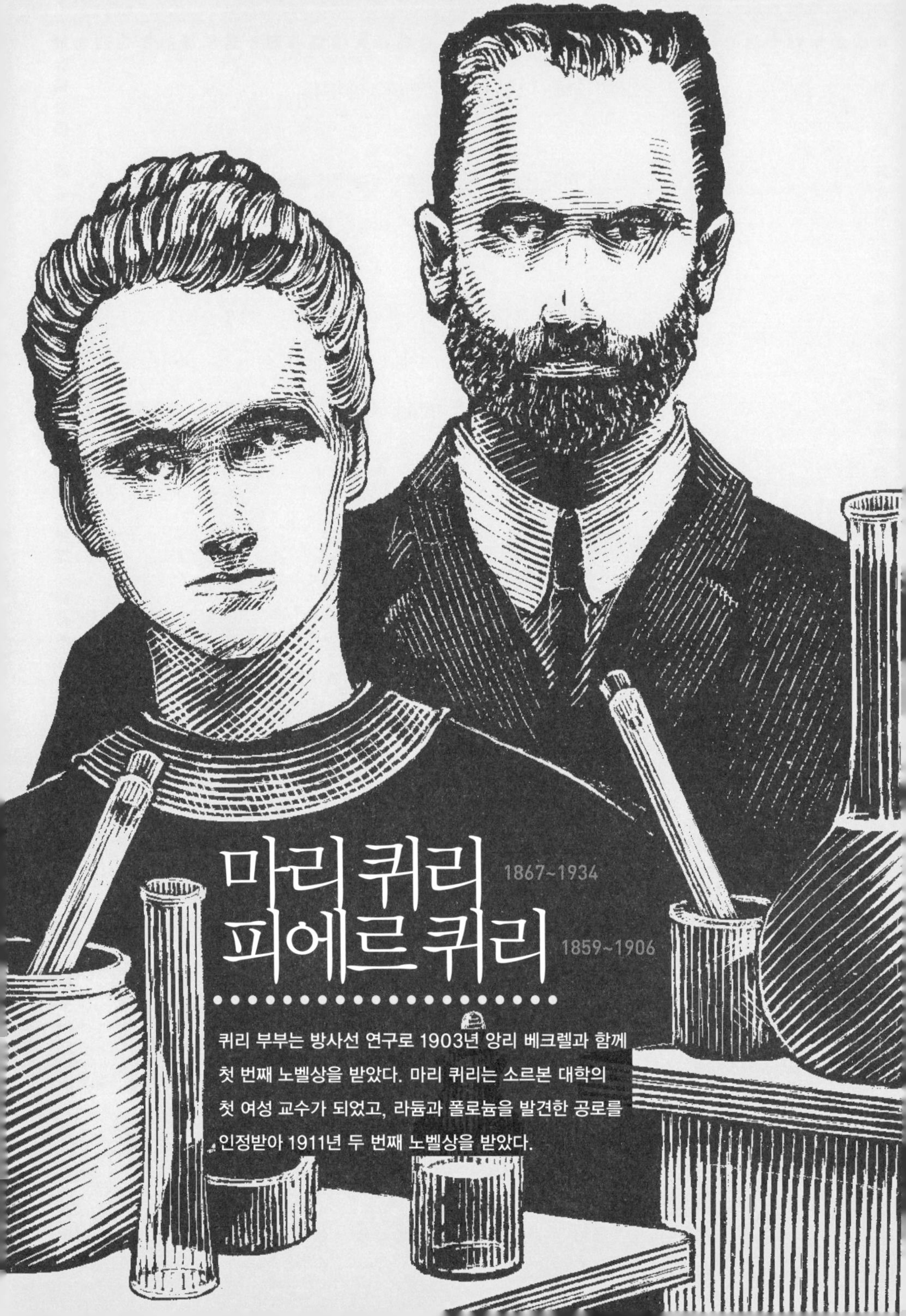

마리 퀴리 1867~1934
피에르 퀴리 1859~1906

퀴리 부부는 방사선 연구로 1903년 앙리 베크렐과 함께 첫 번째 노벨상을 받았다. 마리 퀴리는 소르본 대학의 첫 여성 교수가 되었고, 라듐과 폴로늄을 발견한 공로를 인정받아 1911년 두 번째 노벨상을 받았다.

라듐 발견

치명적인 푸른빛의 밤 6

1902년 이른 가을 저녁, 마리 퀴리는 평소처럼 남편 피에르 퀴리와 팔짱을 끼고 파리의 로몽 가를 따라 서둘러 걸었다. 퀴리 부부는 한때 시체 해부실로 쓰이던 오두막 실험실 앞에 멈춰 섰다. 피에르가 자물쇠를 풀자 문이 삐거덕 소리를 내며 열렸다.

마리 퀴리의 둘째 딸 에브는 그날 밤의 일을 기록했다. 마리 퀴리가 "불을 켜지 말아요"라고 속삭인 뒤에 손을 더듬어 밀짚의자 쪽으로 갔다. 그녀는 어둠 속에서 미소를 지었다.

라듐
라듐은 방사성 원소다. 이것은 고정된 물질이 아니라 항상 떨어져 나간다(붕괴한다)는 의미다. 그 원자는 아주 미세한 조각을 눈에 보이지 않는 총알처럼 대기 중으로 쏘면서 끊임없이 폭발한다.

연구실을 둘러싼 비커와 시험관 속에 든 작은 알갱이들이 세상에서 누구도 본 적 없는, 푸르스름한 빛을 쏘아대고 있었다. 알갱이에서 나온 빛은 두 사람의 기쁨에 찬 얼굴을 감싸고 마리의 회색빛 눈동자에서 반짝반짝 빛났다. 피에르가 상처

입은 손으로 자랑스러운 듯 마리의 금발 머리를 쓰다듬었다. 그날 밤 치명적인 푸른빛을 쏘아 대는 라듐이 발견되었다.

오두막실험실의푸른빛

마리 퀴리가 방사선으로 인해 생긴 손의 상처를 손가락으로 가리키는 딸 이렌과 함께 앉아 있다.

마리 퀴리가 병 속에 갇혀 있던 '요정' 라듐을 이제 막 바깥세상으로 꺼내준 것이다. 마리는 라듐을 연구하느라 4년을 보냈는데, 그동안 치명적인 성분이 양손에 스며들었다. 피에르와 마찬가지로 마리 퀴리의 손에도 라듐에 '탄' 상처가 늘 있었다. 마리 퀴리의 손가락은 말린 자두처럼 쭈글쭈글했다.

라듐은 이렇듯 자연 발생적으로 푸르스름한 빛을 방출하는 물질이라는 뜻에서 마리 퀴리가 붙인 이름이다. 퀴리 부부는 작은 오두막에서 총 1톤의 우라늄원석피치블렌드에서 라듐을 추출했다. 눈에 보이지 않지만 수십억 줄기의 미세한 방사선이 그녀를 '총알' 처럼 계속 쏘아 댔다. 만일 방사능의 위험성을 알았더라도 마리 퀴리는 방사능 연구를 포기하지 않았을 것이다. 마리 퀴리의 인생에 포기는 없었다. 폴란드에서 태어난 마리는 당시 여성의 대학 진학이 금지되어 있자 20대 초반에 프랑스로 이민을 왔다. 이후 파리에서 과학자가 되기 위해 열정적으로 연구에 몰두했다.

우리 주변에도 늘 방사능이 함께한다. 집 안에서, 흙과 바위에서, 그리고 심지어 우리 몸에서도 자연적인 방사선이 발생되고 있다. 그날 밤 퀴리 부부는 오두막 실험실 안에서 방사능의 흔적을 보았지만, 대부분의 방사선은 사람의 눈에 보이지 않는다. 퀴리 부부가 본 라듐의 푸른빛도 어둠 속에서만 알아볼 수 있었다.

우리는 매일 핸드폰, 전자레인지, 전구, 라디오 등에서 방출되는 에너지가 낮은 전자파방사선에 둘러싸여 지낸다. 방송국에서 나온 라디오파는 방사선의 일종으로 우리의 몸을 뚫고 지나 라디오로 들어갈 수도 있다. 이러한 전자파방사선은 여러 문제를 일으킬 수 있다. 예를 들어 전자레인지에서 나오는 전자파가 인공심장을 멈추게 할 수도 있고, 핸드폰에서 나오는 전자파가 의료기의 오작동을 일으킬 수 있다. 하지만 퀴리 부부는 우리가 상상하는 것보다 훨씬 더 위험한 방사능에 노출되어 있었다.

1898년 마리 퀴리는 우라늄원석에서 방사능물질의 단서를 발견했다. 우라늄원석에 우라늄뿐만 아니라 훨씬 강력한 방사능물질이 함유되어 있을 수 있다는 사실에 주목했다. 그래서 우라늄원석에 또 다른 방사능물질이 최소한 하나 이상 들어 있다고 가정했다. 그리고 실험을 통해 먼저 폴로늄을, 다음으로

라듐의 위력

라듐에서 가장 깊이 침투하는 탄환은 1초에 약 30만km를 달리는, 빛의 속도로 발사되는 감마선이다. 포톤이라고 불리는 감마광선은 가시광선보다 10,000배에서 10,000,000배 강력하다. 그것들은 20센티미터 두께의 쇠도 뚫을 수 있다. 또한 세포 사이를 찢어서 손상된 세포로 흔적을 남기면서 신체를 깊이 찌른다.

'마법의 물질' 라듐을 발견했다.

마리 퀴리는 과학자들이 보고, 만지고, 무엇보다 무게를 재야만 믿는다는 사실을 알고 있었다. 그래서 치명적인 푸른빛을 발견하기까지 라듐을 보고, 만지고, 원자 무게를 계산해 냈다. 라듐의 원자량은 225.93amu이었다. 1896년에 프랑스의 과학자 앙리 베크렐처럼 다른 과학자들도 우라늄이 푸른빛을 방출한다는 사실을 알고 있었다. 마침내 마리 퀴리가 라듐 결정의 형태로 라듐 원자를 분리해 내 원자량을 달 수 있게 했다.

마리 퀴리는 우라늄원석에서 라듐을 분리하기 위해 '분별 결정법'을 사용했다. 우선 우라늄원석을 용매에 넣고 액체가 될 때까지 끓인 다음에 불을 껐다. 냉각 과정을 통해 라듐은 오랫동안 차갑게 보관한 꿀이나 소금에 결정이 생기는 것처럼 라듐 결정으로 변했다.

마리 퀴리의 실험실은 환기 장치도 없고 지붕에서 비가 새는 말 그대로 오두막이었다. 당시 한 과학자는 그녀의 실험실을 "외양간과 감자창고가 합쳐진 것 같다"라고 묘사했다. 이 오두막에서 45달 동안 마리 퀴리는 찐득찐득한 우라늄원석 1톤을 젓고 끓이고 식히는 일을 만 번도 넘게 계속했다. 이렇게 해서 우라늄원석 1톤에서 순수한 라듐 0.1그램이 추출되었다. 아스피린 알약 1/3보다도 적은 양이었다.

"때때로 나는 종일 내 몸만큼이나 큰 쇠막대기로 원석을 저었다…… 저녁이 되면 죽을 만큼 피곤했다"라고 마리 퀴리는 기록했다. 4년 동안 몸무게가 7킬로그램이나 빠졌다.

피에르 퀴리는 자신이 고안한 전위계전력량과 전압을 재는 기계로 작은 라듐 알갱이를 측정했다. 라듐 알갱이는 유리용기에 하나씩 담겼고, 곧 오두막 연구실의 책상과 선반이 유리용기로 가득 찼다.

"누구나 라듐을 사용하기를 바랍니다." 마리 퀴리는 우라늄원석 8톤을 제련해서 순수한 라듐 1그램을 처음으로 얻었다. 처음 몇 년 동안 라듐 1그램의 값은 150,000달러나 했다. 퀴리 부부는 1902년 새로운 라듐 치료기를 만들었지만, 그것으로 돈을 벌지는 못했다. 마리는 그 발견으로 돈을 벌기 원하는지를 질문받았을 때, "아니요. 그것은 과학 정신에 반합니다"라고 답했다.

'마법의 물질' 라듐

1900년에 마리가 끓이고 피에르가 측정하는 사이에 두 사람은 인체에 미치는 방사능의 효과를 실험한 두 독일인의 보고서를 읽었다. 치과 의사와 대학 교수인 오토 발크호프와 프리드히 기젤은 방사능물질로 자신들의 몸에 실험해 본 결과 인체에 엄청난 영향을 끼친다고 보고했다. 즉시 피에르는 라듐 결정을 자신의 팔에 테이프로 붙여 '기니피그'가 되었다. 10시간 동안 두었는데, 곧 팔에 우표 크기의 상처가 생겼다. 며칠 후에는 상처에서 고름이 흘렀다.

퀴리 부부는 라듐이 피에르의 팔에 어떻게 화상을 입히는지 마리와 피에르 퀴리가 실험실에서 실험을 하고 있다. 이곳에서 퀴리 부부의 라듐 연구가 시작되었다. 이 실험실은 환기가 거의 되지 않는 오두막 안에 자리했다.

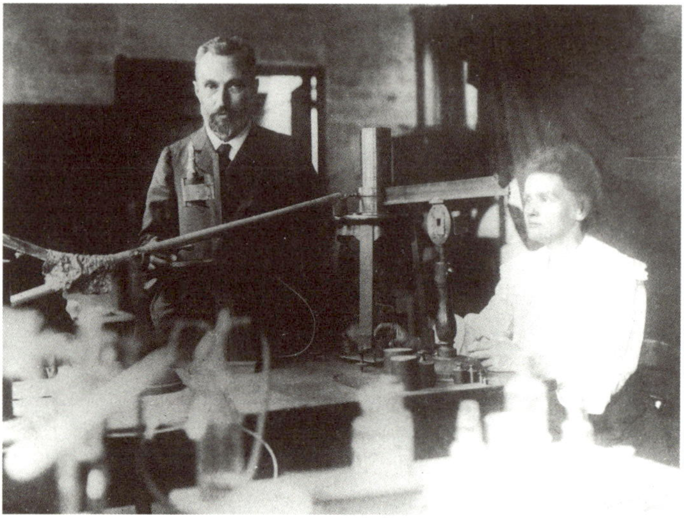

관찰하고 기록했다. 상처는 52일 후에야 아물고 피부가 정상으로 돌아왔지만 1제곱센티미터 넓이의 흉터가 남았다. 그들은 수년간 실험하는 동안 라듐이 손에 어떻게 화상을 입히는지 관찰했다. 흉터는 남지만 피부가 원상회복된다는 사실을 알게 되었다. 퀴리 부부는 질문을 했다. 만약 종양처럼 병든 피부조직을 라듐 방사선으로 태운다면 병이 치료될 수 있지 않을까?

피에르는 답을 얻기 위해 쥐, 토끼, 기니피그에게 실험을 했다. 퀴리 부부가 실험할 즈음 사람들은 동물도 감정이 있다는 사실에 더욱 관심을 기울였다. 하지만 실험은 너무나 중요했고 아직 사람에게 위험한 실험을 할 생각조차 못했다. 동물실험을 통해 퀴리 부부는 피부의 종양을 라듐으로 태우면 종양이 제거되고 정상 피부가 자라난다는 사실을 밝혀냈다. 그리하여 암세포도 파괴된다는 사실을 알아냈다.

퀴리 부부의 발견 이후 의사들은 환자의 종양 치료에 라듐 결정을 쓰기 시작했다. 의사들의 치료도 똑같은 결과를 가져왔다. 종양이 제거되고 정상 조직이 다시 자라났다. 라듐이 상처를 입힘으로써 치료 효과를 발휘한 것이다. 오늘날 방사선요법이라고 불리는 '퀴리 치료법'은 그야말로 세상을 바꾸었다. 오늘날 방사선치료는 암 환자의 절반에게 사용되고 있다. 하지만 아직도 암세포를 정상 세포로 바꾸는 방법은 알려져 있지 않다. 방사선치료는 단지 암세포를 죽일 수 있을 뿐이다. 일부 방사선은 정상 세포도 죽이기 때문에 위험한 무기라고 할 수 있다. 1903년에 퀴리 부부는 방사능 연구 업적을 인정받아 최초로 방사능을 발견한 앙리 베크렐과 공동으로 노벨 물리학상을 받았다.

최초로 노벨상을 두 번 수상

1911년에 마리 퀴리는 라듐과 폴로늄을 발견한 공로로 노벨 화학상을 받았다. 그녀는 노벨상을 두 번 받은 최초의 사람이 되었다.

1904년에 피에르 퀴리는 쥐와 기니피그로 다시 동물실험을 실시했다. 이번에는 단순히 라듐 주위에서 공기를 들이마실 때 나타나는 효과를 연구했다. 쥐와 기니피그는 라듐 결정을 넣은 플라스크에 갇혔다. 동물들은 9시간을 전후해 모두 죽었다. 죽은 동물들의 폐에서 아주 많은 양의 방사능이 검출되었고 백혈구 조직도 많이 파괴되어 있었다. 라듐 가까이에서 숨 쉬는 것만으로도 죽을 수 있다는 결과를 보여 주었다.

1906년 4월 19일 마리 퀴리는 가장 소중한 사람을 잃었다.

남편 피에르가 비가 쏟아지는 도핀 가를 가로질러 뛰다가 화물 마차에 치여 세상을 떠난 것이다. 마리 퀴리는 가장 가까운 동료이자 위대한 과학자를 떠나보냈다. 그녀는 일기에 썼다. "모든 것이 끝났다…… 모든 것의 종말이다. 모든 것…… 모든 것……!"

그러나 담대한 여성 과학자는 좌절하지 않고 연구를 계속했다. 마리 퀴리는 소르본 대학에서 피에르의 자리를 이어받아 프랑스 최초의 여성 교수가 되었다. 그녀는 두 딸을 키우면서 교수직과 연구를 함께 훌륭하게 해냈다.

:방사능에 쓰러지다

제1차 세계대전이 일어나 독일군이 파리를 점령하면서 라듐 연구는 중단되었다. 하지만 마리 퀴리는 전쟁 전보다 훨씬 많은 방사능에 노출되었다. 부상병들의 탄환과 폭탄 파편을 빼내기 위해서 '인체 내부'를 보는 엑스선 기계가 필요했기 때문이다. 전쟁터에 이런 기계가 있을 리 없었다. 엑스선 기계는 자신의 분야가 아니었지만 마리 퀴리는 도움을 주기 위해 나섰다.

마리 퀴리는 전쟁터로 이동할 수 있게 20대의 트럭 안에 뢴트겐 엑스선 기계1895년 엑스선을 발견한 빌헬름 콘라드 뢴트겐의 이름을 붙임를 설치했다. 심지어 마리 퀴리는 '꼬마 퀴리'라는 별명이 붙은 트럭 중 한 대를 직접 몰기도 했다. 그녀는 또한 라듐 엑스선 기계를 설치하는 일뿐만 아니라 프랑스 전국의 병원에 소개하기도 했다.

1915년 4월 어느 날 저녁 포르주의 군부대에서 집으로 돌아오던 중 마리 퀴리가 탄 트럭이 미끄러져서 도랑에서 전복되었다. 그녀는 엑스선 기계와 사진 보관함 밑에 깔렸다. 누군가 소리쳤다. "부인! 부인! 죽었나요?" 마리 퀴리는 다치지 않았다며 웃음을 터뜨렸다. 그리고 엑스선을 찍는 금속판이 부서진 것에 화를 냈다고 딸 에브가 쓴 전기에 적혀 있다.

제1차 세계대전이 끝나고 과학자들은 방사능물질을 다룰 때 스스로의 몸을 보호하기 시작했다. 예를 들어 납 방패를 사용하거나 실험복을 자주 갈아입었다. 그러나 마리 퀴리는 여전히 맨손으로 라듐 실험을 계속했다. 다른 연구자에게는 장갑을

마리 퀴리가 제1차 세계대전 동안(1917년) '꼬마 퀴리' 중 한 대를 몰고 있다.

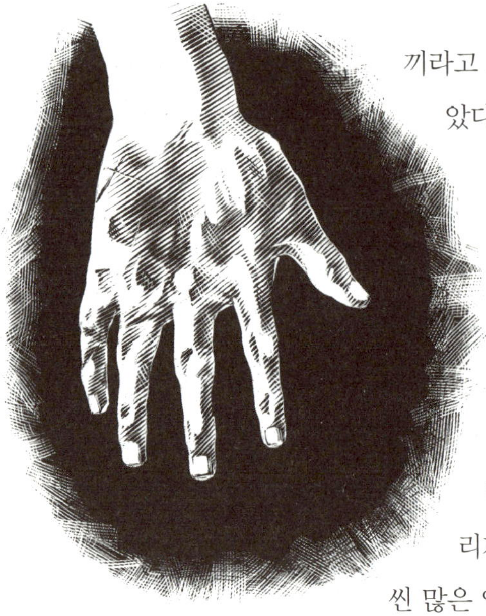

끼라고 고집하면서 정작 자신은 거의 끼지 않았다.

세상에서 가장 많은 양의 라듐을 만진 마리 퀴리는 의도하지 않았지만 자신의 몸에 실험한 것이다. 1921년 미국을 방문했을 때 사람들은 마리 퀴리를 "라듐의 여인"이라고 불렀다. 워렌 G. 하딩 미국 대통령은 그녀에게 라듐 1그램을 선물로 주었다. 마리 퀴리가 평생 실험실에서 얻어 낸 것보다 훨씬 많은 양이었다. 그녀가 미국 횡단 기차를 타고 여기저기서 짤막한 연설을 한 이후에 라듐 치료에 대한 관심이 폭발했다.

어떤 사람은 다른 사람보다 더 많은 방사능을 견딜 수가 있는데, 아마도 마리 퀴리처럼 강인한 신체를 가졌기 때문인 것 같다. 그러나 1920년대에 들어 마리 퀴리에게 염려스러운 증상들이 나타나기 시작했다. 근육이 아프고, 귀에서 이명이 들리고, 손가락이 마비되었다. 또한 빈혈 증세가 심해지고 기력이 뚝 떨어졌다.

마리 퀴리는 눈이 침침해져 찾아간 의사로부터 백내장일 수도 있다는 진단을 받았다. 여전히 그녀는 연구에 몰두한 나머지 보호장비를 착용하거나 건강검진을 받을 여력이 없었던 듯

하다. 마리 퀴리는 매일 아침 9시에 연구실에 출근해 캄캄해진 후에야 집으로 돌아왔다.

햇살이 눈부시던 1934년 5월 어느 봄날 마리 퀴리는 40년 동안 그랬던 것처럼 실험실에서 연구에 몰두했다. 3시 30분에 마리가 "열이 좀 나서 집에 가야겠어" 라고 말했다. 그리고는 다시 실험실로 돌아오지 못했다. 1934년 7월 4일 마리 퀴리는 백혈병으로 세상을 떠났다. 그녀의 주치의는 오랫동안 과로한 데다가 방사능에 너무 많이 노출되었기 때문이라고 말했다.

마리 퀴리가 실험실에서 보낸 오랜 나날 중 어느 날, 플라스크를 검사하고 있다.

거의 100년 전에 마리 퀴리가 손으로 적은 실험 노트에는 실험한 횟수, 양, 온도 그리고 결과가 자세히 기록되어 있다. 이 기록은 현재 파리의 프랑스 국립도서관에 보관되어 있다. 누구나 도서관에 가서 이 기록을 볼 수 있다. 하지만 이 책의 방사능으로 손상을 받아도 도서관에 책임을 묻지 않겠다는 서약을 한 후에야 열람할 수 있다.

라듐처럼 방사능원소의 양이 반으로 줄어드는 데 걸리는 시간을 '반감기' 라고 부른다. 라듐의 반감기는 1600년에 이른다. 라듐 100그램이 50그램으로 줄 때까지 1600년이 걸리고,

자신의 업적으로
평가를 받은 최초의 여성

1995년 4월 20일에 마리와 피에르 퀴리의 시신은 뛰어난 업적을 남긴 프랑스인을 위한 국립묘지인 팡테옹 기념관으로 옮겨졌다. 마리 퀴리는 자신의 업적으로 평가를 받은 최초의 여성이었다. 그녀는 여성으로서, 폴란드계 이민자로서, 프랑스의 이익을 증대시킨 과학자로서 존경을 받았다.

50그램이 25그램으로 될 때까지 다시 1600년이 걸린다. 양이 줄어들 수는 있지만 방사능은 결코 완전히 사라지지 않는다.

마리는 자신의 지문을 실험 노트에 영원히 남긴 셈이다. 이렇듯 자신의 생명을 단축하면서까지 연구에 헌신한 마리 퀴리 덕분에 해마다 전 세계 수백만 명의 암 환자들이 더 오래 살 수 있게 되었다.

이제는 알아요!

■■ 1세기 전 퀴리 부부의 실험 덕분에 땅속의 바위부터 외계의 우주까지 자연 속에 존재하는 모든 것에서 방사선이 나온다는 사실이 알려졌다. 방사선은 눈에 보이지 않는 자외선, 적외선뿐만 아니라 눈에 보이는 태양으로부터 쏟아지고 있다. 심지어 우리의 몸속에서도 자연적으로 방사선이 발생되고 있다.

■■ 오늘날에는 우리 몸에 흡수된 방사능이 뼛속에 쌓인다는 사실을 안다. 이것이 골수와 혈액 이상을 일으켜 백혈병에 걸리게 한다. 마리 퀴리는 자신이 발견한 '치명적인 푸른빛' 때문에 죽었을 가능성이 높다.

■■ 오늘날의 의사들은 코발트 60과 다른 방사성 동위원소에서 발생하는 강한 방사선을 쏘여 암을 치료한다. 코발트 60 원격 치료 장치로 몸에 난 악성종양을 파괴하는 것이다.

■■ 방사성 동위원소 중 방사성 요오드는 갑상선암 치료에 쓰이고 있다. 방사성 요오드를 캡슐이나 액체의 형태로 섭취하면 작은창자에서 흡수된 후에 혈액을 따라 갑상샘에 도달하게 된다. 방사성 요오드에서 방출되

는 방사선이 갑상샘 조직과 암세포를 파괴하는 것이다.

■■ 라돈 가스는 토양이나 건축 재료에 함유된 라듐이 붕괴하면서 생기는 물질이다. 따라서 차단하지 않으면 집의 실내 공기로 빠져나올 수 있다. 우리가 라돈을 들이마시면 그것이 붕괴하면서 폴로늄으로 바뀐다. 폴로늄은 폐암을 일으킨다고 알려져 있다. 폴로늄 원소는 퀴리 부부에 의해 1898년에 발견되었는데, 마리의 고국 폴란드를 따라 지은 이름이다.

■■ 방사성 동위원소는 암 치료 이외에도 다양하게 쓰이고 있다. 양전자 단층촬영(PET)뿐만 아니라 원자력 발전에도 쓰이고, 화석이나 고고학 유적의 연대를 추정하는 데도 쓰이고 있다. 화석부터 원자력까지 마리 퀴리의 업적이 영향을 미치지 않는 곳이 없다.

■■ 1935년에 마리 퀴리의 큰딸 이렌 졸리오-퀴리는 어머니의 뒤를 이어 새로운 인공 방사능을 발견해 남편과 함께 노벨 화학상을 받았다.

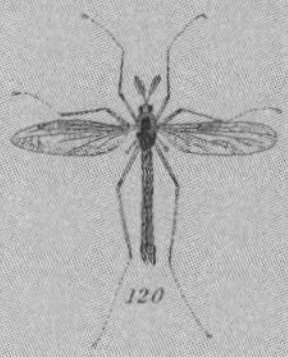

120

1860~1936 1892~1964

존 스콧 홀데인과 잭 홀데인

존 스콧 홀데인은 호흡 생리학의 권위자로서 호흡이 뇌의 호흡중추에 있는 혈액 내 이산화탄소의 압력에 의해 결정됨을 발견했다. 아들 잭 홀데인은 생리학자이자 유전학자로 집단 유전학 및 진화 연구에 새로운 경지를 개척했다.

호흡 연구

독가스를 들이마시다 7

■■ 여러분은 2살 때 무엇을 하며 놀았는가? 2살의 잭 홀데인은 아장아장 걸어 다니면서 복잡한 장치를 몸에 두른 채 호흡하고 팔뚝에서 피를 뽑는 아버지의 모습을 지켜보았다. 잭도 곧 아버지의 실험 대상이 되었다. 3살이 되었을 때에는 아버지의 실험에 필요한 피를 뽑아 주었다. 4살에는 지하 철도나 탄광의 '나쁜 공기'를 흡입하기 시작했다. 1906년 13살이 되었을 때는 물이 줄줄 새는 잠수복을 입고 깊은 바다 속으로 뛰어들었다.

이것은 시작에 불과했다. 존과 잭 홀데인 부자는 수십 년 동안 과학 실험을 위해 자신들의 몸을 이용했다. 두 사람이 가장 열정을 기울인 분야는 호흡이었다. 흔히 발견되는 질소, 산소, 이산화탄소, 헬륨, 아르곤 등이 섞인 공기에 그치지 않고 여러 가지 유독가스를 코로 들이마셨다. 호흡은 뇌에서 관장하고 혈액이 산소를 온몸 곳곳으로 나르는 역할을 하기 때문에 뇌와 혈액도 실험을 했다. 그들은 일반적인 호흡뿐만 아니라 수많은 영국의 노동자들이 일하는 위험한 환경에서의 호흡도 연구했다. 그들의 발견으로 수많은 광부와 잠수부, 군인의 생명을 구할 수 있었다.

: 어린이 과학자

잭이 어린이 과학자로서 연구를 시작할 무렵, 아버지 존 홀데인은 이미 스코틀랜드와 영국에서 10년간 자신의 몸에 실험을 하고 있었다. 예를 들어 악취가 어떻게 하수구 노동자들이나 빈민가 주민들에게 질병을 일으키는지 연구하기 위해서 자신이 찾을 수 있는 가장 나쁜 공기를 유리병에 담아 분석했다. 놀랍게도 이 공기에서 몸에 유해한 세균이나 화학 성분이 거의 발견되지 않았다. 물론 악취로 세균이 자랄 수 있는 비위생적인 환경을 알아낼 수는 있었다.

호흡
인체는 당, 지방, 단백질로부터 에너지를 얻기 위해 세포 내에서 화학 작용으로 이 '연료들을 태운다.' 이 과정은 폐로 들어간 혈액을 타고 온몸을 도는 산소 기체를 소비한다. 음식 분자는 부산물인 이산화탄소로 전환되는데, 이것은 몸 밖으로 나가기 위해서 혈액을 타고 폐로 이동한다.

존 홀데인은 동료 연구자 제임스 로레인-스미스와 함께 나무상자에 8시간 동안 갇혀 '진짜' 나쁜 공기를 연구했다. 그는 숨을 헐떡이고, 토하고, 두통에 시달리고, 때로는 새파랗게 질려 밖으로 나왔다. 문제는 산소 부족이 아니라 사람이 내뿜는 이산화탄소가 축적되면서 발생한다는 것을 보여 주었다. 이 연구는 나중에 잠수함 승무원과 광부들에게 적용되었다. 이산화탄소를 계속 제거함으로써 근로자들은 오랫동안 편안한 상태에서 일할 수 있게 되었다.

존은 동물보다는 사람에게 실험하는 것을 선호했다. 동물은 무슨 일이 일어나는지 이해할 수 없기 때문에 두려움이 더 크다는 것이다. 사람은 과학에 대한 흥미 때문에 두려움이나 고통을 잊을 수 있다고 믿었다. 존은 끙끙 앓을 정도의 고통쯤은 아무렇지 않게 생각했다. 그는 수많은 시련을 겪은 스코틀랜드 이민자의 후손으로 태어났다. 홀데인 집안의 가훈은 "시련을 참고 견디라!"였다.

존의 아들 존 버든 샌더슨홀데인은 1892년에 태어났다. 그의 어릴 적 이름은 잭이었고, 길고 곱슬곱슬한 금발 머리를 가진 아름다운 아이였다. 잭은 아버지를 '우퍼' '신음하는 사람'이라는 뜻라고 불렀는데, 가족들은 수십 년 동안 이렇게 불렀다.

존은 아들 잭을 작은 어른으로 대했다. 존의 연구실은 신기한 장비와 코를 찌르는 냄새로 가득했다. 호기심 많은 잭에게는 그야말로 즐거운 놀이터였다. 잭은 커다란 유리 비커에서 잠을 자는 고양이나 실험용 쥐를 갖고 놀았다. 잭은

피는 왜 빨간색일까

헤모글로빈은 적혈구 세포 안에 들어 있는 붉은 단백질이다. 산소가 흡입될 때 폐의 모세혈관 내에 있는 적혈구로 들어가, 암적색 피를 선홍색으로 변하게 하면서 헤모글로빈과 결합(산화헤모글로빈)한다. 치명적인 기체인 일산화탄소도 헤모글로빈과 결합해서 선홍빛이 도는 탄화헤모글로빈을 만든다.

무엇이든 금방 배웠다. 3살 때부터 책을 읽었고 스펀지처럼 과학 지식을 빨아들였다. 3살의 잭은 이마가 베었을 때 나온 피를 보고 "이거 산화헤모글로빈이야, 이산화헤모글로빈이야?" 하고 물었다.

잭이 4살이 되었을 때 존은 런던 메트로폴리탄 철도의 공기 검사를 의뢰받고 아들을 데리고 런던으로 갔다. 애초에 참호 안에 가설된 철도를 지하철 철로로 변경하기 위해 새로 지붕을 덮는 계획이 추진되고 있었다. 하지만 이렇게 밀폐된 공간의 공기가 안전한지 아무도 확신하지 못하고 있었다. 잭은 아버지가 철로의 공기 표본을 유리병에 담아 고무호스를 통해 흡입하는 모습을 지켜보았다. 존의 실험 결과 철도에 지붕을 덮는 계획은 아무런 문제가 없었다.

5살이 되자 잭은 신문을 읽기 시작했다. 8살에는 성인들을 위한 아버지의 유전학 강의에 따라다녔다. 또 아버지의 실험실에서 유리 기구 씻는 일을 도왔다. 아버지가 기체 측정기의 숫자를 큰 소리로 읽어 주면 잭이 받아 적었다. 수학 천재였던 잭은 곧 이 숫자들로 계산을 시작했다.

독가스를 들이마시다

아버지 존은 가족들이 "관"이라고 부르던 나무상자를 하나 더 만들었다. 존이나 잭처럼 사람이 고무로 덧댄 구멍 밖으로 머리를 내밀고 누워 있도록 고안된 상자였다. 존이 그곳에 누워 다양한 가스를 들이마신 후에 가슴이 부풀어 오르면 관 밖에 신축성 있는 드럼 안으로 공기가 밀어내곤 했다. 드럼에 닿아 있는 지렛대는 특수하게 처리된 종이에 선을 그리면서 움직였다. 이렇게 그려진 그래프는 호흡의 대상이 얼마나 빨리 그리고 깊이 호흡하는지 일일이 보여 주었다.

호흡에 대한 존의 전문지식은 탄광의 위험성을 연구하는 데 특히 유용했다. 광부들은 때때로 일산화탄소 같은 유독가스에 노출되었다. 폭발 사고가 일어났을 때 많은 광부들의 사망이 폭발 때문인지, 산소 부족 또는 유독가스로 인한 질식 때문인지 누구도 확신할 수 없었다.

존은 일산화탄소에 대해 정보를 얻기 위해 최소한 13차례 일산화탄소를 들이마시는 실험을 했다. 지켜보던 조수가 위험해지면 산소주머니로 호흡하게 했다. 존의 얼굴빛은 창백해지고 노랗게 변했으며 두통으로 머리가 지끈거렸다. 시계의 똑딱거리는 소리도 들을 수 없었다.

"눈앞이 캄캄해짐. 팔다리에 힘이 없음"이라

일산화탄소

일산화탄소는 석탄이나 천연가스가 탈 때 발생한다. 일산화탄소는 무색무취하기 때문에 눈으로 보거나 냄새로 느낄 수가 없다. 그것은 혈액 내에서 헤모글로빈에 달라붙어 산소의 결합을 방해함으로써 신체 각 조직 세포에 산소를 공급하지 못하게 해서 세포를 죽게 한다. 오늘날 가정과 산업 현장에서는 이런 위험을 미리 알기 위해 일산화탄소 탐지기를 사용한다.

동물 탐지기

때로 존 홀데인은 실험할 때 일산화탄소의 위험을 알기 위해서 경보기로 쥐를 사용했다. 작은 포유류와 새들은 사람보다 호흡이 빨라서 유독기체가 훨씬 빨리 영향을 미친다. 만약 생쥐 '동료'가 의식을 잃으면 존도 기체 흡입을 중단했다. 그는 또 광산에서도 작은 동물들을 경보기로 사용하라고 권했다. 이것이 나중에 광산에 들어가거나 잠수함을 탈 때 카나리아를 가져가는 관습을 만들었다.

존 홀데인은 30년 동안 영국과 스코틀랜드의 광산에서 유독가스와 위험한 열기에 몸을 내맡겼다. 광산 노동자들의 생명을 안전하게 하기 위해서 아들 잭을 자주 데리고 다녔다.

고 1895년의 보고서에 기록했다. "마룻바닥의 널빤지 사이 줄을 따라 똑바로 걸어 보았음. 걷는 동안 심하게 비틀댔으며 팔이 후들후들 떨렸음."

존은 자신의 피에 녹아든 기체의 양을 측정하기 위해 스스로 피를 뽑았다. 존은 공기 중에 함유된 일산화탄소 등 가스를 측정하는 새로운 장치를 고안했다. 존은 실험을 통해 1896년 57명의 사망자가 발생한 웨일스 탄광 폭발 사고와 같은 재해의 원인을 알아낼 수 있었다. 앞으로 많은 광부의 생명을 구하기 위해서 작업 환경의 개선이 절실하다고 제안했다.

존 자신도 탄광에서 실험을 한 후에 일산화탄소 중독에 시달렸다. 그는 "아주 건강하다"라고 가족에게 전보를 보냈다. 그러고 나서 보내고 또 보내곤 했다. 전보를 보냈다는 사실을 잊어버린 것이다. 일산화탄소 중독으로 인해 영구적인 뇌 손상이 발생할 수도 있다. 존 홀데인은 운이 좋았다. 회복된 후에 예전처럼 다시 명석해졌다.

잭은 아버지와 함께 광산을 종종 찾았다. 10살에서 11살 무렵에는 쇠사슬에 묶인 커다란 두레박을 타고 낡은 갱도로 내려갔다. 존과 잭 그리고 광부 여러 명은 버려진 터널을 따라 기었고, 천장 부근에 메탄가스가 떠다니는지 주의를 기울였다. 메탄은 인화성이 강하지만 광부들은 험프리 데이비가 발명한 안전등을 쓰고 있었다. 안전등은 촘촘한 쇠 그물로 불꽃이 안에서만 타도록 잡아두고 열을 흡수했기에 메탄가스가 폭발할 리 없었다.

여러 사람이 서 있어도 될 만큼 넓은 방에 도달했을 때 한 광부가 등을 쳐들었다. '퍽' 하는 소리와 함께 파란 불꽃이 방을 가득 채우더니 산소 부족으로 불이 꺼졌다. 그때 존은 메탄을 들이마실 때 인체의 변화를 보여 주기 위해 잭을 실험 대상으로 썼다. 존은 안전을 확신했다. 잭에게 일어나서 머리를 메탄가스 층으로 들이밀고 셰익스피어의 연극 「율리우스 카이사르」에서 안토니우스가 연설하는 대목을 암송해 보라고 말했다.

잭이 암송을 시작했다. "친구들이여! 로마인들이여, 그리고 국민들……." 이내 잭이 숨을 헐떡거렸다. 몇 마디를 말한 뒤에 다리를 후들후들 떨다가 바닥에 쓰러졌다. 바닥에는 산소가 있었다. 메탄은 천장 근처에만 있었기 때문에 잭은

열사병

광산 안은 종종 너무나 뜨겁다. 잭은 영국의 주석 광산에서 열로 쓰러졌고, 존은 광산을 연구하는 30년 동안 자주 더위를 먹었다. 방적 공장과 도자기공장의 노동자, 그리고 증기선의 기관실 선원 또한 고열에 노출되어 있다. 그래서 1905년 무렵 존은 조지 포다이스(1장)가 1700년대에 실시한 뜨거운 방 실험을 새로운 측정 도구로 다시 실험했다. 그는 광산과 연구실, 터키탕의 고온 다습한 공기에 대해 연구했다. 그 결과는 노동자들을 때때로 엄습하는 열사병을 예방하는 데 도움을 주었다. 존은 또한 노동자들에게 땀으로 잃은 염분을 보충할 것을 권고했다. 후에 소금 정제는 열사병에 대한 일반적인 처방이 되었다.

재빨리 회복되었다.

존은 때로 헤모글로빈 연구를 위해 아들이 다니던 학교 아이들의 피를 뽑았다. 손가락을 찔리는 것에 불과했기에 많은 아이들이 학교를 벗어나 연구실에 가고 싶어서 차례를 기다렸다. 하지만 몇몇 아이들은 무서움에 떨었다. 잭의 어머니 루이자는 잭의 여동생 나오미가 한 소녀에게 "너 들어오래. 우리 아버지가 네 피를 원해"라고 말하던 모습을 기억했다.

피를 뽑는 날이면 잭은 학교에서 인기가 최고였다. 잭은 평소에 아이들의 놀림과 따돌림을 당했다. 잭은 반에서 키가 가장 컸지만 통통한 데다가 운동에 영 소질이 없는 소년이었다. 그는 유독가스와 혈액에 대해 많은 것을 알고 있었다. 잭의 기억력은 천재적이었다. 학교의 상이란 상은 모두 탔고 자신에 대한 자부심이 엄청났기에 급우들은 그를 싫어했다.

존은 사회적으로 본받을 만한 바람직한 아버지는 아니었다. 존은 때때로 저녁식사 초대를 받은 손님에게 전혀 신경을 쓰지 않았다. 후식으로 나온 케이크를 집어 들고는 작별의 인사도 없이 연구실로 사라져 버렸다.

: 바다 속의 호흡

존은 훌륭한 과학 선생님이었기 때문에 아들 잭의 인생은 모험으로 가득 차 있었다. 1906년 13살 되던 해에 잭은 영국 해군에서 실시하는 잠수 실험에 참여할 기회를 얻고 기쁨에 겨웠다. 그해 여름에 온 가족은 스코틀랜드 해변으로 갔고 거기에서 영국군함 스팽커호가 기다리고 있었다. 어머니와 나오미는 존과 잭이 배에서 연구하는 동안 해변가의 숙소에 머물렀다.

군함의 승무원들은 대부분 잠수할 줄 알았지만, 존과 잭은 초보자에게도 안전한 잠수 방법을 알려주었다. 먼저 수압이 높은 곳에서 유스타키오관을 여는 방법을 가르쳐 주었다. 잠수용 헬멧을 쓸 때 수압 탓에 고막이 터지는 것을 방지하기 위해서였다. 그다음에 잭이 성인남자의 신체에 맞춰 만들어진 잠수복을 입었다. 잠수복의 헐렁한 손목과 발목을 통해 물이 줄줄 새 들어왔다. 잭이 12.2미터 아래로 잠수했을 때, 얼음처럼 차가운 물이 다리와 가슴으로 차올랐다. 잭은 잠수복에 부착된 밸브를 작동해 헬멧에 공기를 채웠다. 하지만 물 위로 끌어올렸을 때 잭의 몸은 꽁꽁 얼어 있었다. 승무원이 몸이 따뜻해지게 잭에게 위스키를 조금 주었고 이불로 푹 감싸서 침대에 눕혔다.

질소 중독

색전증의 원인은 공기 중의 질소다. 만일 수압이 높은 해저에 머물게 된다면 여러분이 부착한 산소탱크 안에 있던 질소가 세포 조직에 스며든다. 나중에 수면으로 올라올 때 질소 가스가 피와 신경조직 안에서 기포를 일으킨다. 이는 탄산수병의 뚜껑을 열었을 때 치익 소리를 내면서 거품이 일어나는 것과 마찬가지다. 이 거품이 통증을 일으키고 혈류를 방해한다.

이러한 잠수 연구는 해군의 잠수대원뿐만 아니라 해저의 터널이나 다리에서 일하는 사람들에게도 도움이 되었다. 잠수부들에게 가장 심각한 위험은 '감압증'이었다. 수압이 높은 곳에 있다가 갑자기 수면으로 올라오면 팔과 다리가 마비되어 사망에 이를 수도 있는 심각한 증상이다. 존은 실험을 통해 감압증을 예방하는 가장 좋은 방법은 수면을 향해 올라올 때 헤엄을 치고 쉬기를 반복하면서 점차적으로 올라오는 것임을 알아냈다. 이 방법은 오늘날에도 여전히 사용되고 있다.

얼마 후 존은 환기장치를 점검하기 위해 새로운 잠수함의 시험운행에 참여해 달라는 요청을 받았다. 존은 가족에게 조수가 필요한데 그 일은 비밀로 해야 한다고 말했다. 누구를 데려갈 것인가?

"연구실 사람은 데려갈 수가 없어." 존이 말했다. 당시 십대이던 잭은 흥분해서 자기가 가겠다고 펄쩍펄쩍 뛰었다.

어머니가 구원투수로 나섰다. "얘는 왜 안 되죠?"

"뭐라고? 그 애가 몇 살이지?" 존이 물었다. 그리고 잭에게 질문을 쏘아댔다. "소다라임의 분자식이 뭐지?"

잭은 숨을 깊이 들이쉰 후 정답을 말했고, 처음으로 잠수함 승선 기회를 얻었다.

때때로 여동생 나오미도 잭과 인체 실험을 같이 하곤 했다. 둘은 예전에 외과 수술할 때 환자를 마취시키는 데 쓰이던 클로로포름을 함께 들이마셨다. 나오미와 잭은 곧 주저앉아 의식을 잃었다.

1911년에 잭은 옥스퍼드대학 뉴컬리지에 입학했다. 아버지는 그 학교의 교수였으므로, 잭은 제1차 세계대전으로 공부

고지대의 호흡

존이 남자 셋과 여자 하나로 조직된 팀을 이끌고 미국으로 갔을 때, 잭은 대학에 다니고 있어 집에 남아야 했다. 콜로라도에서 과학자들은 파이크 픽 정상까지 기차를 타고 올라가서 해발이 높은 곳에서 사람에게 일어나는 반응을 연구했다. 그들은 혈액과 호흡에 대해 많은 것을 측정해서 앞으로 몇 년간 비행기나 열기구 조종사들의 생명을 보다 안전하게 하는 데 도움을 주었다.

를 중단하기 전까지 아버지의 호흡 실험을 도왔다. 잭은 스코틀랜드 군대인 블랙 워치에 입대했다. 임무는 새로운 폭탄을 시험하는 것이었고 그는 이 일을 아주 좋아했다.

그 무렵 독일군이 프랑스에 녹황색 독가스를 살포하기 시작했다. 국무장관이 호흡 전문가인 존 홀데인에게 도움을 요청했다. 존은 군인들에게 지급된 9만 개의 방독면이 작동하지 않을 것이라고 장관에게 경고하면서 조치를 빨리 취해야 한다고 말했다. 그는 프랑스에 세워진 임시 연구소로 옥스퍼드 대학 동료인 C. G. 더글러스를 데려다 달라고 요청했다. 그리고 블랙 워치 부대에서 잭을 데려와 달라고 부탁했다. 세 사람은 자원자들과 함께 유리방에서 방독면을 착용하고 염소 가스를 들이마셨다. 또 방독면을 떼고 가스를 들이마신 후에 비교 분석했다.

"그것은 눈을 자극했고 호흡할 때 숨이 막히고 기침이 났다"라고 잭은 적었다. 또한 방독면을 쓰고 뛰거나 힘든 작업을 할 수 있는지 알아야 했다. 그래서 가스실 밖에서 45미터를 전력 질주하고 가스실 안에서 바퀴를 손으로 돌려 보았다.

실험에 참가한 몇몇은 며칠 동안 몸져누웠고, 잭은 한 달 동안 달리기를 할 수 없었다. 그러나 산소 호흡기에 대한 새로운

1911년 존 스콧 홀데인은 콜로라도의 파이크 픽 정상에 과학자들을 데리고 가서 고도가 인체에 미치는 영향을 실험했다.

지식이 수천 명 군인들의 생명을 구했다.

"위험이 없다면 재미도 없다"

전쟁이 끝난 후 잭은 옥스퍼드 대학으로 돌아와 생리학을 가르쳤다. 그는 생리학을 전공하지 않았지만 자기 인체 실험을 통해 폐에 대해 이미 많은 지식을 쌓고 있었다. 다른 장기들에 대해서는 아버지에게 속성으로 배웠다.

존은 연구를 통해 이산화탄소 CO^2가 뇌의 호흡 중추를 자극한다는 사실을 증명했다. 뇌의 호흡 중추가 갈비뼈 근육과 횡경막 폐 아래에 있는 근육막을 조절하여 공기를 들이마실 때 가슴을 부풀게 하는 것이다. 이산화탄소는 어떤 역할을 할까? 호흡할 때 생성된 이산화탄소는 물과 반응하여 탄산을 만들기 때문에, 아마도 산성화되면서 폐의 호흡 속도를 증가시켰을 수 있다. 존은 잭과 동료인 H. W. 데이비스에게 이 문제를 해결해 보라고 했다. 존 자신은 두 사람의 혈액과 호흡, 소변을 분석하는 일을 도왔다. 두 사람은 물론 자신을 '기니피그'로 사용했다.

잭은 사람은 좋은 실험 대상이라고 생각했다. "토끼가 어떻게 느끼는지를 알기는 정말 어렵다. 많은 토끼들이 협력하기 위해 진지한 시도를 하지 않기 때문"이라고 설명했다.

잭과 데이비스 교수는 자신의 몸을 산성의 반대인 알칼리성

으로 만들기 위해 베이킹파우더중탄산소다를 먹었다. 예상대로 호흡 속도가 줄었다. 체내 성질을 알칼리성으로 만드는 또 다른 방법은 2~3분 동안 빠르고 깊이 호흡하는 것이다. 이렇게 하다가 그들은 파랗게 질렸고 때때로 경련을 일으켰다.

인체를 산성으로 바꾸는 것은 매우 어려운 일이었다. 두 과학자는 염산을 삼키려 해 보았지만, 잭의 목구멍과 위에서 염증을 일으켰다. 그래서 염화암모늄 마시기 등 신체를 산으로 만드는 여러 가지 방법을 연구했다. 염화암모늄NH_4Cl은 염소의 주요 성분인 암모늄NH_4과 염소Cl 이온으로 분리된다. 이것은 구토와 두통을 일으켰지만, 호흡 속도가 빨라졌고 이로 인해 혈액 속의 산성이 호흡 중추를 자극한다는 사실이 분명해졌다. 실험이 끝난 후 때때로 두 과학자는 며칠 동안 호흡곤란을 겪었다. 잭은 사흘 동안 체중이 3킬로그램이나 빠졌다. 그러나 잭은 "실험은 전혀 불쾌하지 않았다!"라고 1921년 보고서에 썼다.

동물실험

잭 홀데인은 동물실험이 과학적으로 중요하지만 불필요한 고통을 줄까 봐 걱정했다. 또한 영국에서 여우나 산토끼, 사슴, 새 사냥을 오락으로 여기는 상황을 걱정했다. 잭은 "이제껏 동물을 사냥하는 생리학자를 결코 만나본 적이 없다. 생리학자들은 상처 입은 새나 짐승이 어떻게 죽음을 맞는지 누구보다도 잘 알고 있기 때문이다"라고 말했다.

그 후 독일에서 두 의사가 혈액이 알칼리성이 되면서 근육 경련과 호흡곤란을 겪는 아기들에게 잭의 염화암모늄 요법을 사용했다. 염화암모늄은 아기들의 생명을 구해냈다.

또한 잭은 일산화탄소의 위험성을 더 알아보기 위해 아버지가 했던 것처럼 그것을 들이마셨다. 그리고 관찰했다.

여러분은 이상을 전혀 느낄 수 없는데도 불구하고 똑바로 걷지도 말하지도 못한다. 만일 여러분이 일산화탄소로 가득 찬 광산에 새장을 가지고 들어가면, 새는 처음에는 취한 것처럼 비틀거리다가 횃대 아래로 떨어질 것이다. 여러분 자신은 아마 기분이 좋아질 것이다. 이것은 아주 위험하다. 왜냐하면 여러분은 곧 쓰러지고 무의식 상태에 빠져 죽기 때문이다.

잭은 자신의 실험이 위험하다고 결코 생각하지 않았다. 그는 소량으로 시작해서 점차 위험한 상태를 가져올 수 있을 정도로 흡입량을 늘려 나갔다. 그는 생화학에 대한 자신의 지식을 믿었다.

그는 "위험이 없다면 우리 인생은 재미가 없다. 그러나 내게는 할 일이 있으므로 단지 스릴을 즐기기 위해 등반이나 자동차 경주 같은 위험한 일은 절대 하지 않을 것이다"라고 말했다.

1923년에 잭은 케임브리지 대학으로 옮겨 생화학과에서 강의를 했다. 1926년에는 샬럿 프랑켄과 결혼했다. 몇 년 뒤에는 35년 전 자신의 아버지처럼 영국 왕립학회의 회원으로 선출되었다. 영국에서 가장 뛰어난 학자들만이 이런 영광을 가질 수 있다.

"몸은 필요하다면 이용하고 써 버려야 할 것이다"

잭은 신장의 반응을 보기 위해 다른 화학 약품도 마셨다. 염화칼슘, 인산염 나트륨, 요소, 그리고 많은 양의 일반 소금을 삼켰다. 그는 엄청난 설사와 변비, 두통, 다리와 등의 통증, 발목이 퉁퉁 부어오름, 그리고 무시무시한 갈증에 시달렸다. 잭 홀데인의 전기에 따르면, 그는 자신의 몸을 "필요하다면 이용하거나 써 버려야 할 것"으로 여겼다.

"동료 피조물들에게 죽어서도 도움이 되기를 바란다"

1936년 75살의 존 스콧 홀데인은 폐렴으로 병상에 누웠다. 잭과 나오미는 아버지 곁을 지키고자 집으로 달려갔다. 아버지가 죽은 후 그들은 화장한 유해를 스코틀랜드의 고향으로 갖고 갔다. 죽는 순간까지 존은 광산의 조명시설, 터널 환기, 석유 정제 때 일어나는 열사병을 연구하고 있었다. 그는 과학계에 커다란 발자취를 남기고 떠났지만 이 가족의 자기 인체 실험은 여전히 계속되었다.

잭 홀데인은 런던 대학에서 유전학 실험실을 이끌었는데, 거기서 미래의 아내이자 자기 인체 실험 동료인 헬렌 스퍼웨이를 만났다.

1939년 제2차 세계대전이 일어나기 직전에 영국의 잠수함 테티스호가 시험운행 중에 침몰했다. 잠수함에서 18시간이나 갇혀 있던 끝에 4명만이 탈출하고 나머지 99명이 죽고 말았다. 잭은 조사를 의뢰받았다. 그는 자신의 실험을 도와줄 전직 군인 4명을 선발했다. 그들은 모형 잠수함에 갇힌 후에 '탈출' 해서 산소 호흡기를 착용했지만 곧 구토와 극심한 두통에 시달렸다. 비상탈출에도 기술이 필요하다는 사실이 분명해졌다. 수면으로 올라오기 위해 헤엄치는 동안 산소 호흡기를 착용한 채 구토하는 것은 너무나 위험했다.

해군 제독이 잭에게 잠수 실험을 좀더 확대해 줄 것을 요청했다. 잠수함 대원들의 안전한 탈출 방법뿐만 아니라 잠수부와 잠수 공작원들에게 가장 적합한 공기조성 배합을 발견해 해저에서 작전을 수행하게 하기 위한 목적도 있었다. 그들은 산소 과잉으로 인한 발작뿐만 아니라 감압증과 질소중독을 해소할 방법을 원했다. 잭은 20명의 자원자를 더 모집했다. 첫 번째 자원자가 나중에 잭의 아내가 될 25살의 헬렌 스퍼웨이였다.

실험을 위해 두 사람은 여러 가지 가스가 뒤섞여 뿜어 나오는 금속 실린더에 들어가 앉았다. 해저와 비슷한 환경을 조성하기 위해 기압을 해수면 기압의 10배인 10기압으로 올렸다. 실험 참가자들은 9746×4956처럼 수학 문제를 풀어 두뇌를 검사했다. 그들은 국자를 사용해서 작은 금속 구슬을 들어 올려 근육조정 시험기구의 구멍에 집어넣는 검사를 했다.

높은 기압에서 어떤 실험 대상자들은 술에 취한 듯 느끼거나 토하거나 의식을 잃거나 발작을 일으켰다. 어떤 사람은 공넣기 시험에서 부정을 저지르려고 했다. 또 어떤 사람은 자신이 죽어간다고 생각했다. 실험 참가자 대부분은 수학 문제를 엉망으로 풀었다. 헬렌은 그렇지는 않았지만 문제를 큰 소리로 말해야만 했다. 잭도 몸을 제대로 가누지 못하고 움직일 때 어깨를 벽에 심하게 부딪혔다.

"10기압에서는 아주 이상한 기분이 들 것일세. 공기의 밀도가 높으면 손을 움직일 때에 공기 저항을 많이 느끼고, 목소리는 마치 양키들 콧소리를 흉내 낼 때처럼 과장되게 느껴질 것이네." 잭이 말했다.

잭은 가끔 실수로 산소를 너무 많이 흡입해 경련을 일으키기도 했다. 그는 자주 코피를 흘려서 동료들이 점점이 뿌려진 핏자국을 따라가면 그를 찾을 수 있을 정도였다. 치과에서 충치를 메운 자리가 떨어져 나오려고 했고 신경이 죽은 이가 뽑히기도 했다. 이런 증세는 잠수부들 사이에서는 잘 알려져 있었다.

어느 날 잭은 미국의 한 회사에서 잠수부들을 위해 개발한 헬륨과 산소의 혼합기체를 실험하고 있었다. 실험 도중 헬륨 공기방울이 그의 척수에 맺히면서 어깨와 엉덩이, 다리에 지독한 통증이 나타났다. 그는 남은 생애 동안 딱딱한 의자에 앉을 때마다 통증을 느꼈다. 당시의 실험은 전쟁 때문에 많은 것이 군사기밀로 부쳐졌다. 하지만 잠수부들에게 훨씬 더 안전하고 저렴한 혼합기체가 발견되었다.

잭이 마지막으로 자기 몸에 한 실험은 전쟁과 관련된 비밀 프로젝트였다. 해군 본부는 잠수부들을 소형 잠수함에 태워 적의 배에 폭탄을 설치하거나 적의 항구에 정박된 강철선을 절단하기를 원했다. 그래서 잭과 동료 연구자 마틴 케이스가 산소 탱크와 기체측정 장비를 실은 모형 소형 잠수함에 억지로 몸을 밀어 넣었다. 그들은 노를 저어 항구로 갔다. 숨을 내쉴 때마다 콧김이 얼음벽에 응결되면서 물이 똑똑 떨어져 내렸다. 불은 자주 꺼졌다. 공기에서는 악취가 났다.

그러나 "산소 실린더와 컨테이너 세 개로 두 남자가 사흘 동

잭 홀데인은 만년에 인도로 옮긴 후에 유전학을 계속 연구했다. 척추 골절과 수십 년간 자기 몸에 행한 실험의 후유증에 시달렸음에도 불구하고 여전히 활동적이었다.

안 안락하게 지낼 수 있음을 증명했다." 홀데인은 그런 상태를 안락하다고 표현했다.

잭은 샬럿과 이혼하고 1945년에 자신의 제자였던 헬렌과 결혼했다. 두 사람은 나중에 인도로 갔고, 잭은 그곳에서 유전자 연구소를 이끌었다. 그는 얼음욕조에 앉아서 고압 잠수 실험을 하던 도중 오한을 느낀 후 척추가 골절되었다. 이런 극심한 통증에도 불구하고 잭은 왕성한 활동을 했다. 잭은 "감각으로 전달되는 웬만한 통증은 무시하도록 교육받았다"라고 말했다.

잭은 100살까지 살다가 전쟁터에서 죽기 바랐지만, 암은 겨우 72살에 그를 데려갔다. 자신이 말한 대로 그의 시신은 인도의 한 의과대학에 해부용으로 보내졌다. "내가 죽거든 시신을 해부용으로 사용해 주기를 바란다. 사실 뛰어난 해부학자가 이미 내 머리를 예약해 놓았으니, 그는 나보다 오래 살아야 할 것이다. 나는 살아 있을 때 우리의 동료 피조물들에게 도움이 되기를 바랐고, 죽은 후에도 그렇게 하지 못할 이유가 없다."

50여 년 동안 존과 잭 홀데인 부자가 위험을 무릅쓰고 한 자기 인체 실험 덕분에 '동료 피조물들'은 더욱 안전해졌다. 광부, 잠수부, 군인, 잠수함 승무원, 비행기 조종사, 공장 노동자, 지하와 해저 터널 작업장의 근로자, 어린이, 그리고 지하철의 승객 등. 홀데인 부자가 자신의 몸에 먼저 실험해 본 덕분에 사람들은 훨씬 더 안전하게 숨을 쉴 수 있게 되었다.

이제는 알아요!

■■ 존과 잭 홀데인 부자는 호흡에 대해 모든 것을 밝히지는 못했다. 예를 들어 존은 폐가 공기에서부터 산소를 혈액 속으로 펌프질해 넣었을 것이라고 확신했다. 이제 우리는 산소 분자가 폐세포를 통해서 곧바로 가까운 미세한 정맥혈관인 모세혈관 안으로 퍼진다는 사실을 안다.

■■ 홀데인 부자가 폐, 두뇌, 신장, 헤모글로빈에 대한 오늘날의 지식을 알았다면 분명히 기뻐했을 것이다. 예를 들어 인간 배아는 극도로 산소를 잘 포착하는 특별한 헤모글로빈 조직을 생산한다. 태아는 아직 산소 호흡을 못하지만 몸속에 있는 헤모글로빈으로 엄마의 혈액에서 산소를 끌어올 수 있다. 활발한 산소와의 결합은 어머니의 자궁 안쪽에 붙어 있는 아이를 기르는 조직인 태반에서도 일어난다.

■■ 일반 대기보다 산소의 비율이 높고 압력이 높은 고압 산소방은 잠수병이나 일산화탄소 중독(화재로 인한 사망의 첫째 원인)으로 고통받는 사람들을 치료하는 데 쓰인다.

■■ 신장에 대한 연구가 발전하면서 이제 신장 기능을 상실한 사람들에게

투석기나 인공신장이 쓰이고 있다. 1960년대 이전에 신장 환자들은 며칠밖에 살 수가 없었지만, 이제는 수십 년을 더 살 수 있다.

■■ 홀데인 부자의 실험으로 위험한 직업에 종사하는 사람들이 보다 안전해졌지만, 현대의 삶은 또 다른 문제를 발생시키고 있다. 석유시추 현장에서 일하는 잠수부, 해저동굴의 생물을 연구하는 학자, 스쿠버 다이빙을 즐기는 사람들 때문에 잠수에 대한 연구가 아직도 필요하다.

■■ 광산 사고는 크게 줄었지만 광부들은 새로운 장비의 소음 때문에 청력을 잃을 뿐만 아니라 규폐증(규산이 들어 있는 먼지를 오랫동안 들이마셔 생기는 질병), 폐암 등의 폐 질환을 앓고 있다.

■■ 저산소증의 위험에 대해 어느 때보다도 잘 알게 되었다. 산꼭대기의 기상관측소에서 연구하는 천문학자부터 등산객, 스키를 즐기는 많은 사람들이 고지대에서 근무하거나 여가를 보내고 있다. 저산소증 연구는 존 홀데인이 100년 전에 바라던 것처럼 폐 질환에 걸린 사람들을 돕고 있다.

■■ 푹푹 찌는 더운 곳에서 일하는 노동자들에게 존의 처방대로 소금을 먹인다면 어떨까? 오늘날 우리는 염분을 보충하기 위해 알록달록한 색깔의 스포츠 음료를 마시고 있다.

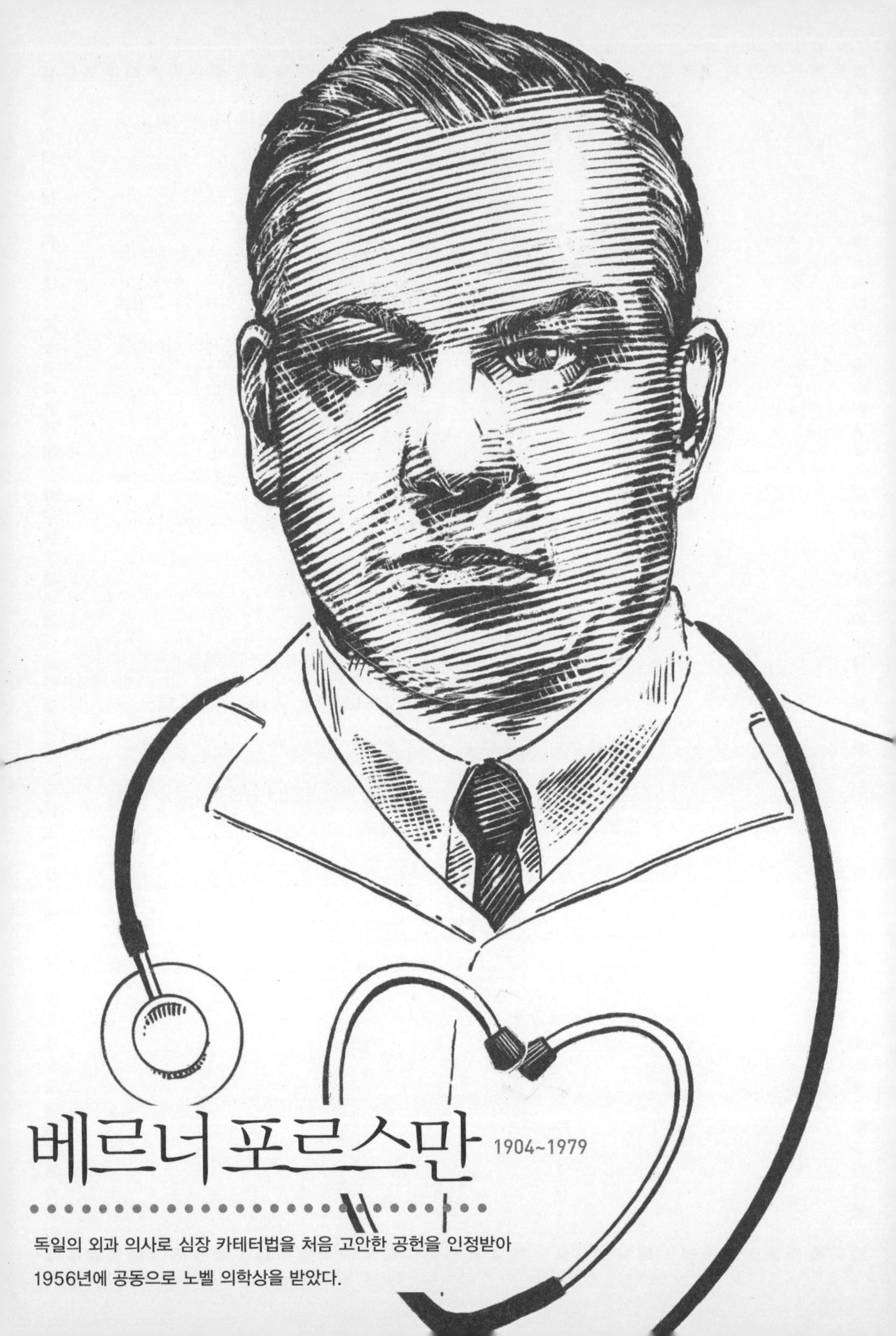

베르너 포르스만 1904~1979

독일의 외과 의사로 심장 카테터법을 처음 고안한 공헌을 인정받아 1956년에 공동으로 노벨 의학상을 받았다.

심장 카테터법

8 심장 속 들여다보기

만약 어떤 사람의 심장이 제대로 기능을 못한다면 의사들은 그 문제를 해결하기 위해 어떻게 할까? 심장 안을 들여다볼까? 심장은 맨눈으로 볼 수 있는 손이나 발처럼 쉽게 다가갈 수 있는 곳이 아니다. 그래서 심장외과 의사들은 증세가 가벼운 환자들의 심장을 열어 보는 위험을 감수하지 않았다.

심장에 꽂힌 관으로 내부를 들여다보다

1920년 베르너 포르스만은 심장 전문의가 되기 위해 공부하던 독일의 의대생이었다. 당시에 의사들은 심장 질환을 진단하기 위해 주로 엑스선 촬영, 가슴 두드려 보기, 맨 귀나 청진기로 심장박동 소리 듣기, 심전도 검사 등의 방법을 사용했다. 이러한 노력에도 불구하고 환자는 죽었고, 검시 해부를 한 다음에야 포르스만이 처음으로 자신의 몸에 실험한 것은 의과대학에 다닐 때였다. 그는 간을 먹으면 빈혈(혈액에 헤모글로빈이 부족해 나타나는 증세)이 낫는다는 사실을 알았다. 포르스만은 간이 건강한 사람의 혈액을 더 건강하게 해 주는지 의심이 들었다. 그와 학생들은 간을 끓인 수프를 1리터씩 마셨다. 나중에 혈액검사를 통해 피가 더욱 건강해졌음을 확인했다.

무엇이 잘못되었는지 알 수 있었다.

포르스만은 너무 늦기 전에 심장을 검사할 방법이 떠올랐는데, 심장 안에 가느다란 고무관인 카테터를 넣는 것이었다. 팔 정맥으로 카테터를 집어 넣어 정맥을 타고 환자의 심장에 이르게 하는 것이다. 예를 들어 심장이 멎었을 때 의사들은 신속하고 안전하게 약물을 심장으로 주사하기 위해 이 관을 사용한다. 또한 심장의 박동을 엑스선 기계에 나타내기 위해 색소를 주입할 수도 있다. 심장 카테터법은 말과 개 실험에서는 이미 성공을 거두었다. 그러나 사람에게 사용해도 안전할지는 아무도 몰랐다.

포르스만은 왜 이렇게 위험한 일을 하려고 했을까? 그는 이 장치가 분명 "심장의 내부를 볼 수 있게" 해 줄 것이라고 확신했다. 그렇게 된다면 심장의 상태를 명확하게 볼 수 있고 또 정확한 치료법을 알 수 있으리라 생각했다.

1920년대에 심장이 박동을 멈추면 의사들이 할 수 있는 조치는 한 가지뿐이었다. 주삿바늘을 환자의 가슴에 찔러 직접 심장에 약물을 주입하는 것이다. 이 방법은 심장 표면에 있는 가는 동맥을 터지게 해서 내출혈이 일어나 사망에 이를 위험이 있었다.

심장외과 수술 역시 매우 위험한 모험이었다. 심장에 문제

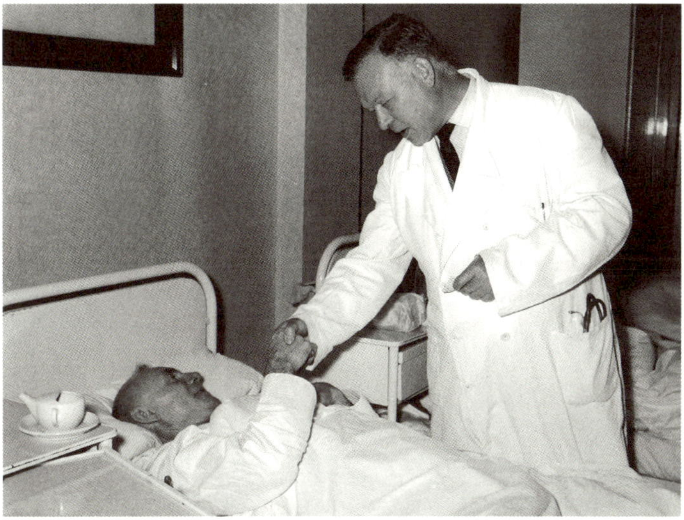

이 사진을 찍을 때쯤 포르스만은 이미 수년간 의학 수련을 받은 후였다. 그가 1950년 비뇨기과 의사로 일하던 독일의 크로이츠나흐 루터 요양병원에서 회진하고 있다.

가 생겼을 때 절개수술을 하면 때때로 병든 부위를 고칠 수 있었다. 그러나 심장 전문의들은 막상 심장을 절개해서 문제를 발견할 수 있을지 확신할 수 없었다. 그들은 아무것도 할 수 없었다. 환자가 죽어가는 모습을 보고 있을 수밖에 없었다. 심장 카테터법은 의사들이 외과 수술이라는 위험을 감수하지 않고도 심장병을 진단하고 치료할 수 있게 해 주었다.

1929년 이른 여름 학업을 마친 포르스만은 독일 에베르스발데에 있는 아우구스테 빅토리아 병원에서 일하고 있었다. 포르스만의 자서전에 따르면, 그는 휘파람을 불면서 수술실 옆에 붙은 간호사 게르다 디첸의 방으로 들어갔다. "게르다 간호사. 국소 마취제와 소독한 해부 도구가 필요합니다."

간호사가 대답했다. "슈나이더 박사님께서 실험을 금지시

정맥 절개

정맥 절개란 정맥에 작은 구멍을 뚫는 것을 의미하는데, 보통 환자에게서 피를 뽑기 위해 하는 것이다. 예를 들어 환자의 적혈구 수치가 너무 높으면 '사혈'로 낮출 수 있다. 포르스만은 카테터를 삽입할 수 있도록 정맥에 작은 구멍을 뚫었다.

키지 않았나요?"

포르스만이 근무하던 외과의 수석의사인 리하르트 슈나이더는 누구에게도 심지어 자신에게도 실험해서는 안 된다고 말했다. "제발, 어리석은 짓을 하지 말게." 포르스만의 요청에 슈나이더 박사는 화를 냈다. "그건 자살 행위나 마찬가지네. 만약에 자네가 죽기라도 한다면 자네 어머니에게 뭐라고 말할 수 있겠나?"

그러나 포르스만은 게르다 간호사에게 자신의 해부학 책을 빌려 주었다. 그녀는 그 실험을 같이 해 볼 수 없어서 매우 아쉬워했다. 그 이후 포르스만은 자신이 말한 대로 "썩은 고양이가 크림단지 주위를 어슬렁거리듯" 게르다 주위를 서성였다.

"게르다 간호사!" 포르스만이 불렀다. "당신은 내가 무엇을 하려 하는지 전혀 모를 것입니다. 하지만 내 실험은 안전합니다."

게르다가 얼굴을 찡그렸다. "정말 전혀 위험하지 않다고 확신하실 수 있어요?"

"물론입니다."

"그러면 좋아요. 전혀 위험하지 않다면 저에게 실험하세요. 선생님께 제 몸을 맡기겠어요."

"글쎄……" 그는 주저했다. "왜요? 선생님은 최초로 실험을 하게 될 거예요."

포르스만은 게르다 간호사에게 실험할 생각이 전혀 없었다. 50년이 지난 후의 인터뷰에서 그는 말했다. "문제가 분명하지 않을 때에는 자신이 아닌 다른 누구에게 실험해서는 안 된다고 생각합니다." 그러나 게르다 간호사에게 실험하겠다고 해야 외과수술 도구와 요관 카테터를 얻을 수 있었다.

요관 카테터는 지름이 1밀리미터에 길이가 65센티미터인 가느다란 고무관이다. 보통 소변을 배출시키기 위해 신장에 밀어 넣는 장치였다. 포르스만은 요관 카테터를 팔 정맥을 통해 심장까지 밀어 올리려 했다.

카테터 치료법

카테터는 1912년에 독일에서 사람의 동맥에 삽입되었다. 사실 3명의 의사가 산욕열에 걸린 여자의 복강 대동맥(심장으로부터 몸통과 다리에 신선한 피를 공급하는)에 카테터를 삽입했다. 동맥 카테터는 약을 직접 투입하기 위해 사용되었고 효과가 높았다. 이 여인은 처치 과정에서 다른 나쁜 증세가 없었고 의사들이 계속 그런 방법을 사용함으로써 많은 생명이 구조되었다.

포르스만은 카테터가 정맥을 쉽게 통과할 것이라 믿었다. 그것은 피가 심장으로 가는 방향에서 '혈류를 타고' 올라갈 것이다. 또 정맥의 판막혈액의 역류를 막는 양쪽 날개 같은 판은 카테터에서 쉽게 열릴 것이라고 믿었다. 더 안전하게 하기 위해서 카테터를 자신의 왼팔에 꽂았다. 심장으로 들어가는 왼쪽 정맥이 오른쪽 정맥보다 더 완만했기 때문이다. 왼쪽 정맥이나 오른쪽 정맥이나 카테터의 방향인 심장의 오른쪽에서 끝났는데 거기서 피가 심장으로 흘러들어간다.

그러나 이 모든 것이 게르다 간호사가 포르스만이 자신에게 실험하고 있다고 속아 주어야 가능했다. 그는 간호사에게 수술대에 누우라고 했으나 그녀가 거절했다. 그때 환자들을 잠재우기 위해 진통제를 주곤 했다는 사실이 떠올랐다.

포르스만은 간호사의 팔과 다리를 꽁꽁 묶었다. 그다음에는 의료도구가 담긴 쟁반을 간호사가 볼 수 없게 수술대 머리맡에 놓았다. 그런 후 세균 감염을 막기 위해서 요오드로 자신의 피부를 소독하고 왼팔에 마취제를 놓았다.

마취가 될 때까지 시간을 벌기 위해 포르스만은 간호사의 팔꿈치 안쪽을 요오드로 문지르고 무균붕대로 덮었다. 잠시 후 팔의 감각이 없어지자 포르스만은 재빨리 메스로 피부를 절개하고 혈관을 조금 잘라 주삿바늘을 정맥에 꽂았다. 그리고 바늘을 통해 카테터를 30센티미터 정도 안으로 밀어 넣었다. 그리고 절개한 자리에 반창고를 붙이고 간호사를 일으켜 세웠다.

"준비가 다 되었습니다. 이제 엑스선 촬영실에 전화를 해요." 포르스만이 말했다.

그제야 간호사는 자신이 속았다는 것을 알아차렸다. 그녀는 화를 내다가 곧 엑스선 촬영실의 간호사에게 전화를 걸었다. 그리고 포르스만을 따라 엑스선 촬영실로 내려갔다. 포르스만은 팔에 카테터를 꽂은 채 엑스선을 찍어 달라고 말했다. 두 간호사 앞에서 포르스만은 카테터를 더 안으로 밀어 넣었다.

바로 그때 촬영실 문이 열리면서 친구인 페

형광투시경

형광투시경은 엑스선이 신체를 관통해서 형광 스크린에 상을 맺히게 하는 의료기다. 거기에는 신체 내부의 움직임이 그대로 비치게 되어 있다.

터 로마이스가 뛰어들었다. 로마이스는 다가와서 포르스만의 팔에 꽂힌 카테터를 잡아 빼려 했다. 포르스만은 그에게 실험에 대해 말했고, 로마이스는 너무 위험하다며 만류했다. 포르스만은 카테터 때문에 양손을 움직일 수 없어서 발로 로마이스의 정강이를 걷어찼다. 로마이스는 할 수 없이 카테터가 포르스만의 심장 속으로 들어가는 모습을 지켜보았다.

카테터는 포르스만의 쇄골 바로 아래 넓은 동맥에 닿았다. 쇄골을 지나갈 적에는 뜨끔거리면서 가볍게 긁히는 느낌이 들었다. 조금씩 카테터는 대정맥 맨 꼭대기로 굽어져 올라갔다. 60센티미터나 되는 카테터의 끝이 마침내 심장에 닿았다. 포르스만은 카테터의 끝이 심장에 닿는 순간 증거를 남기기 위해 엑스선을 찍어 달라고 했다.

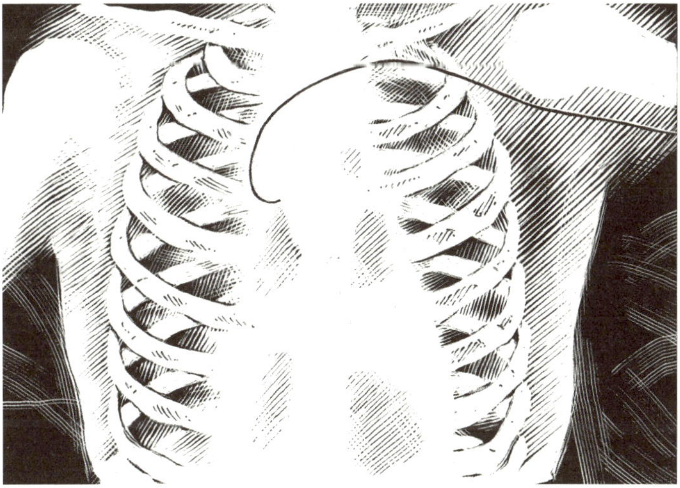

포르스만은 심장 카테터법이 심장병 환자들에게 도움을 줄 것이라는 확신이 있었기에 슈나이더 박사의 지시를 따르지 않았다. 사실을 알게 된 슈나이더 박사는 그를 꾸짖고는 이 작은 병원에서 할 수 있는 연구가 아니라고 말했다. 하지만 엑스선 사진을 보고는 포르스만을 축하해 주었다. 그도 역시 심장 카테터법의 가능성을 알아본 것이다.

슈나이더 박사는 포르스만에게 저녁을 사 주고는 그가 실험을 계속할 수 있도록 병원을 소개해 주었다. 그다음 달에 포르스만은 카테터 실험을 5차례 더 했다. 슈나이더는 실험에 대한 논문을 발표해 보라고 권유했다.

1929년 11월 8일에 독일의 한 의학 잡지에 포르스만의 논문이 실렸다. 25세의 포르스만은 '심장으로 가는 통로'를 자세히 설명했다. 그러나 대부분의 의사는 그의 실험을 "서커스 곡예"라고 비웃었다.

심장으로 가는 안전한 통로에 대한 포르스만의 연구는 1922년 베를린 의과대학에 진학하던 첫날부터 시작되었다. 그곳에서 프랑스의 과학자 J. B. A. 쇼보와 E. J. 마레의 실험에 대해서 읽었다. 두 프랑스인이 1861년에 검지만큼이나 굵은 관을 말의 목정맥으로 밀어 넣어 심장에 닿게 한 실험에 대한 책이었다. 먼 훗날 자서전에서 포르스만은 이 실험의 삽화에 대해 "지금도 눈을 감으면 그 그림을 또렷하게 그려낼 수 있습니다"라고 말했다.

카테터는 말에게 해를 입히지 않았다. 마레는 “말에게 실험한 결과 이 방법이 전혀 해가 없음을 거듭 확인할 수 있었다. 말은 평소처럼 잘 먹고 걸었다”라고 적었다. 포르스만은 슈보와 마레가 말에 한 실험을 사람에게 해 보고 싶었다.

심장을 촬영하다

1929년에 병원에서 쫓겨난 포르스만은 카테터 실험에 더욱 매진했다. 소화의 과정을 연구하기 위해 특수 염료가 사용되는 ‘조영 방사선 촬영술’이라는 진료과정을 본 후 포르스만은 다시 카테터를 이용해 심장의 엑스선 사진을 찍겠다고 마음먹었다. 더 이상 사람에게 실험할 수 없게 된 포르스만은 동물실험을 하기로 했다.

조영 방사선 촬영술을 진행하는 동안 심장은 윤곽을 더 잘 볼 수 있도록 색소로 채워져야 했다. 포르스만은 다루기 쉬운 개에게 실험하기로 했다. 카테터를 이용해서 개의 심장에 특수 색소를 주입했다. 물론 때때로 개를 데리고 실험하기가 그리 쉽지 않았다.

포르스만의 개들은 정맥을 통해 카테터가 심장으로 밀려 올라갈 때 고통을 느꼈던 것이 분명하다. 1920년대까지 동물도 고통을 느낀다는 사실을 모두 받아들이지는 않았지만 포르스

"동물도 고통을 느낀다"

포르스만의 자서전에 따라면, 그는 동물도 고통을 느낄 수 있다고 생각했다. 포르스만의 부모가 어릴 적 나비 표본을 사 준 적이 있는데, 그는 "동물을 그렇게 사랑하는 부모님께서 나비를 표본으로 만드는 것이 얼마나 잔인한지 모르신다는 사실에 정말 놀랐다. 나는 그것이 과학적인 목적을 위해 정당화되었을 뿐이라고 생각한다. 어렸을 때도 아름답게 색칠된 나비 시체를 보는 일에 기쁨을 느끼지 못했기에 이 취미를 곧 버렸다"라고 썼다.

만은 동물들이 괴로워한다는 것을 알았다. 이런 사실을 알았기에 포르스만은 개에게 진통제를 놓았다.

포르스만이 사용한 색소는 혈류를 따라서 개의 심장에 도달했고, 훨씬 더 선명한 엑스선 사진을 얻을 수 있게 되었다. 조영 방사선 촬영법이 다른 신체 부위에도 사용되고 있었지만, 포르스만은 개의 심장 실험을 통해 심장 엑스선을 찍는 데 첫발을 내디뎠다. 이것을 통해 심장 전문의들은 환자의 심장을 훨씬 더 선명하게 볼 수 있게 되었고 더욱 정확하게 환자의 문제를 치료할 수 있었다.

물론 개 6마리의 실험만으로 사람에게도 안전하다고 볼 수 없다. 그래서 포르스만은 에베르스발데 병원에서 자기 자신에게 3번 더 실험해 보기로 했다. 그는 카테터를 사용해 심장에다 색소를 주입하기로 했다. 아직 그의 심장 카테터 실험에 대한 병원 측의 분노가 완전히 가라앉지 않았으므로 이 실험은 소란을 일으킬 수도 있었다.

자신의 몸에 실험을 하면서 포르스만은 공포를 느꼈을까? 그는 카테터가 뭔가 잘못되면 뽑아내면 되기 때문에 전혀 두렵지 않았다고 말했다. 하지만 혈액 속에 색소를 주입하는 것은 훨씬 두려웠다는 사실을 인정했다. 일이 잘못되어도 색소는 다시 배출할 수 없기 때문이었다. 마치 초콜릿을 우유에 섞으면 다시는 분리할 수 없듯이 말이다. 색소가 그의 심장이나 정맥을 손상시킨다면 어찌할 것인가? 색소를 주입하다가 죽을 수도 있었다. 그러나 자신에게 실험하는 것이 심장을 내부에서 찍을 수 있을지 알아보는 유일한 방법이었다. 그래서 그는 색소의 안전성을 확신하고 나서 시작해야 한다고 생각했다.

포르스만은 먼저 색소가 가득 든 시험관의 위쪽을 민감한 턱 안쪽에 몇 시간 동안 고정시키는 실험을 했다. 그리고 다음에는 색소를 혈액 표본에 실험해 보았다. 안전한 것으로 나타났다. 민감한 턱 안쪽 피부가 상하지 않았고 혈액을 파괴하지도 않았다.

포르스만의 개들

포르스만이 개를 대상으로 실험을 하는 동안 그의 어머니와 할머니는 개를 돌봐 주었다. 포르스만의 어머니는 개들을 극진히 돌보고 반창고를 갈아 주고 꿰맨 실을 뽑아 주었다. 그러나 두 사람은 개들과 너무 정들어서 데리고 갈 때마다 눈물을 흘렸다. "나 역시 개를 좋아했다. 그리고 이런 실험을 쉽게 하지 못한다는 것을 받아들여야 했다"라고 자서전에서 밝히고 있다.

포르스만이 동물에게 실험만 했던 것은 아니다. 사진기를 바라보고 있는 포르스만은 제2차 세계대전 동안 독일 의무대의 군의관으로서 기병대의 병든 말을 돌보았다.

검사와 숙고를 거듭한 끝에 포르스만은 카테터를 사용해 색소를 주입해 심장의 엑스선을 촬영하기로 결정했다.

첫 번째 실험에서는 카테터의 끝이 굽어서 목 정맥으로 잘못 올라가 귀에 통증을 가져왔다. 2번째 실험에서는 가까스로 카테터를 통해 심장에 색소를 주입했지만 구토를 느꼈고 시야가 약간 흐려졌다. 이런 증세는 색소가 그의 뇌를 통과하는 1~2초 동안 지속되었다. 그의 엑스선 사진은 개의 엑스선 사진보다 선명하지 않았다.

3번째 실험에서는 몸통과 다리 사이에 있는 오금인 서혜부로 카테터를 집어 넣어 다리 위쪽 정맥으로 삽입했다. 불쾌하고 하기 힘든 과정이었지만, 이번에는 사람의 심장에 안전하게 색소를 주입할 수 있음을 확신할 수 있었다.

1930년 11월 27일 포르스만은 처음으로 에베르스발데 지역의 의사들에게 자신의 심장 카테터법에 대해 강연을 했는데 대성공을 거두었다. 논란을 일으킨 실험을 한 지 거의 1년 반이 지났다. 그리고 1년 뒤에 전 유럽에서 온 의사들에게 강연을 했지만 그들은 여전히 그의 실험이 "서커스 곡예"라는 생각을 버리지 않았다. 이 강연회에 참석한 포르스만의 삼촌 발터 힌덴베르크는 강연이 끝난 후에 말했다. "걱정 마라. 이 멍청이들은 네가 무엇을 해 냈는지 이해 못 하고 있어. 언젠가 너는 이것으로 노벨상을 받게 될 거야." 포르스만은 삼촌에게 농담하지 말라고 대답했다.

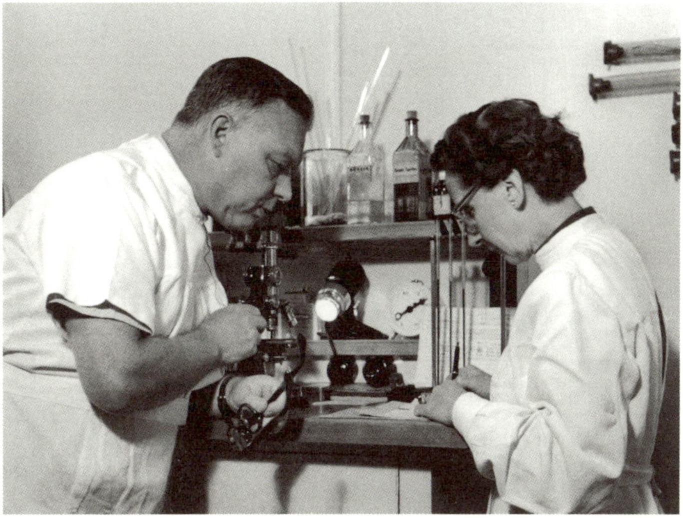

1932년 포르스만은 비뇨기 의사가 되기 위해서 공부를 했다. 그리고 계속해서 비뇨기과에서도 외과 수술을 했다. 1933년에는 비뇨기과 의사인 엘스벳 엥겔과 결혼했다. 두 사람은 여섯 아이를 두었다.

그 무렵 포르스만의 실험이 성공적이었음이 분명해졌는데도 불구하고 많은 의사들은 자신들이 틀렸음을 인정하지 않았다. 그런 분위기에 포르스만은 엄청난 좌절감을 느꼈다. 이후 25년 동안 포르스만은 심장 카테터법 연구를 더 이상 할 수 없었다. 더 이상 심장과 혈관에 관심을 갖지 않기로 했다. 그는 유능한 외과 의사였기 때문에 곧 독일 드레스덴 시립병원에서 수석의사가 되었다. 나중에 베를린의 로베르트 코흐 병원에서도 수석의사로 근무했다.

그 사이에 미국의 의사들은 1929년 포르스만의 대담한 실험에 대해 소문을 들었다. 1932년에 앙드레 F. 쿠르낭과 디킨슨 W. 리처즈는 그 실험에 대한 기사를 읽었다. 뉴욕의 콜롬비아 의과대학에서 그들은 포르스만이 포기한 심장 카테터 연구를 시작했다. 두 사람은 마침내 병든 심장 내부를 살피고 문제점을 확인하고 치료가 가능한 심장 카테터법을 개발해냈다. 1941년에 쿠르낭은 미국에서 처음으로 심장 카테터법을 환자에게 시술했다.

1956년 포르스만과 미국의 두 의사는 노벨 의학상을 공동 수상했다. 노벨상 심사위원들은 이 발견을 "사람의 심장 내부와 순환체계에 대해 진정하고 귀중한 해답을 가져왔다"라고 평가했다. 포르스만은 자신의 꿈을 이루어낸 2명의 의사와 함께 상금 38,633달러를 나누어 가졌다.

23년 후에 포르스만은 다른 의사들이 심장 카테터법을 개발했다는 사실을 듣고 어떤 기분이 들었는지 질문을 받았다. "매우 고통스러웠습니다. 마치 힘들게 사과나무를 심어 놨더니 다른 사람들이 담장에서 열매를 거두어 가며 나를 비웃는 느낌이 들었습니다."

오늘날 의사들은 심장병 환자들에게 카테터 진료법이 감염이나 정맥 손상 등의 위험이 따를 수 있다고 설명해 준다. 카테터 검사를 받는 동안 형광투시경 카메라는 환자의 심장을 촬영하고 필요한 부분의 사진도 찍을 수 있다. 이것들

전쟁의 기억

제2차 세계대전 동안 포르스만은 독일의 군의관으로 근무했다. 독일의 패망이 확실해진 1945년 초에 그는 넓은 엘베 강을 헤엄쳐 건너 연합군에 항복했다. 전쟁이 끝날 때까지 전쟁포로로 잡혀 있었다. 당시 그는 심지어 독일의 숲에서 벌목공으로 일하기도 했다. 결국 포르스만 부부는 독일의 바트 크로이츠나흐에 정착하고 둘 다 의사로서 일했다.

뛰는 심장을 바라보다

실제 환자의 카테터법은 30분쯤 걸린다. 그러나 환자들에게 시술할 때에는 훨씬 더 시간이 걸리고 때로 하루나 이틀이 소요된다. 환자들은 약한 진통제를 맞고 자신에게 삽입된 카테터가 엑스선 화면에서 들어가는 모습을 지켜보기도 한다. 환자들이 깨어 있으므로 그들의 심장은 평상시에 활동할 때나 마찬가지로 뛰고 있다.

1956년 스웨덴 스톡홀름에서 포르스만(가운데 앞)은 앙드레 쿠르낭, 디킨슨 리처즈와 공동으로 심장 카테터법을 발명한 업적을 인정받아 노벨 의학상을 받았다.

을 검토한 후에 심장 전문의들은 때로 병든 기관을 포르스만의 시대 이전에는 상상할 수도 없었던 방법으로 치료를 한다.

그가 죽은 뒤 12년 후인 1991년에 포르스만은 마침내 1929년에 실험을 해서 쫓겨난 바로 그 병원에서 인정받기에 이른다. 그 병원은 그곳에서 심장 카테터법을 고안한 인물을 기려 베르너 포르스만 병원이라고 불리고 있다.

이제는 알아요!

■■ 1940년대 말과 1950년대 초에 심장 카테터법과 조영 방사선 촬영술은 심장 전문의들에게는 매일 사용하는 진료 도구가 되었다.

■■ 오늘날 심장 카테터는 일반적으로 팔 정맥보다 훨씬 넓고 튼튼한 사타구니로 삽입된다. 사타구니로 들어간 카테터는 다리와 하체 사이에 위치한 정맥을 통해 심장으로 올라간다.

■■ 심장 카테터는 오늘날 전 세계에서 자주 사용되는 의학진료 절차 중 하나가 되었다.

■■ 오늘날 심장 카테터의 주요 용도 중 하나는 관상동맥 조영술이다. 동맥 혈관을 통해 카테터를 심장까지 밀어 넣은 다음에 색소를 주입하는 방법이다. 이를 통해 관상동맥(심장 주변을 둘러싸고 있는 혈관)이 좁아지거나 막힌 부분을 정확하게 볼 수 있다.

■■ 심장 카테터에 대한 연구는 계속되고 있다. 오늘날 심장 전문의들은 정맥 또는 동맥에 있는 '혈전'의 위치를 찾아내 제거하기 위해 카테터를

이용한다. 혈전은 혈관 속에서 피가 굳어진 덩어리를 말한다. 혈전이 심장혈관을 막게 되면 심근경색이나 심장마비가 생길 수 있고, 뇌혈관을 막게 되면 뇌졸중이 생길 수 있다.

■■ 때때로 혈관성형술을 시술한 후에도 환자의 동맥에 더 많은 혈전이 생겨 혈관이 막힐 수도 있다. 이럴 때 심장 전문의들은 미세풍선관이나 스텐트를 삽입해 혈관을 넓혀 준다.

■■ 심장 카테터는 여러 가지 놀라운 작업을 수행할 수 있다. 그것들은 심장 근육 조각을 떼어낼 때나 심장 내부의 혈액 표본을 얻을 때도 쓰이고, 심장판막(심장의 이완 수축에 따라 열리고 닫혀서 혈액이 거꾸로 흐르는 것을 막는 막)의 이상을 고치는 데에도 쓰인다. 또 선천적으로 심장에 비정상적인 구멍이 있거나 남아도는 정맥을 갖고 태어난 아기들의 심장에 단추나 조임쇠, 또는 코일을 장치하는 데도 쓰인다.

■■ 1991년에 드루 가프니는 포르스만의 심장 실험을 "우주에서" 실시했다. 가프니는 최초로 인체가 우주에서 어떻게 반응하는지 탐구할 임무를 띤 스페이스랩 1호의 우주비행사였다. 로켓 발사 전에 오른팔 정맥을 통해 카테터가 가프니의 심장 바로 직전까지 삽입되었다. 이 카테터를 통해 우주여행이 사람의 심장에 어떤 영향을 미치는지를 측정했다.

1910~1999

존폴스탭

미국 공군 전투비행단의 군의관. 처음으로 인체를 본뜬 마네킹을 만들어 차량과 비행기 안에서 사람의 몸이 어떻게 움직이는지 연구했다. 그는 로켓썰매에 몸을 얹고 레일 위를 시속 1천 17km로 달리다 1초 안에 멈춰서는 사상 초유의 실험에 참여했다.

로켓썰매 실험

세상에서 가장 빠른 사람 9

■■ 만약 자동차가 시속 80km의 속도로 달리던 도중 충돌 사고가 난다면 운전자는 살아날 수 있을까? 만약 10km 높이의 상공을 시속 965km로 날고 있던 제트비행기에서 조종사가 뛰어내려 낙하산을 펼친다면 살 수 있을까? 만약 우주선이 시속 145km으로 바다가 아니라 땅에 떨어진다면 무슨 일이 벌어질까? 다행히 우리 대부분은 이렇게 죽느냐 사느냐의 갈림길에 결코 서지 않을 것이다. 하지만 어떤 운전자나 조종사는 매일, 그리고 우주비행사는 때때로 이런 생사의 갈림길에 놓인다. 오늘날 그들은 사막에서 위험을 무릅쓰고 스스로 로켓썰매에 올라타 실험을 했던 한 사람 덕분에 살아남을 수 있는 확률이 훨씬 높아졌다.

스탭은 조종사처럼 로켓썰매를 타고 시속 970km 속도로 레일 위를 달렸다. 이 사진은 1954년 12월 10일 소닉 윈드가 물브레이크를 치고 지나간 자리에 마치 구름처럼 물이 흩날리고 있는 모습을 보여준다.

: 사람의 생명을 살리기 위한 과학

존 폴 스탭은 위험한 직업을 가진 사람들 중 특히 비행기 조종사에게 관심이 많았다. 더욱이 제2차 세계대전은 10km 높이의 상공에서 탈출해야 하는 위험 속으로 조종사들을 몰아넣었다. 이 고도에서는 산소가 희박하고 기온이 영하 40도까지 내려간다. 미국 공군 전투비행단의 군의관이었던 스탭은 조종사들을 보호하기 위해서 많은 일을 했다.

스탭은 1945년 제2차 세계대전이 끝난 이듬해에 복무기간이 끝나는 대로 공군에서 제대할 작정이었다. 그러나 바로 전역하기 직전에 오하이오 주의 데이턴에 위치한 공군 물자사령부 아래 항공의학연구소로 배치되었다. 그곳에서 스탭은 항공의학이라는 새로운 분야에 일생 동안 몸담게 되었다. 항공의학항공우주의학은 대기권이나 그 너머 우주에서 비행 도중 비행사들에게 일어날 수 있는 육체적, 정신적 질환을 예방하고 치료하는 의학을 말한다.

전쟁 동안 비행기를 더 빠르게 하기 위해 많은 것들이 개발되었지만, 비행사들의 안전을 위한 노력은 뒤따르지 못했다. 스탭은 항공의학을 통해 조종사들의 생명을 구할 안전장치를 개발할 수 있을 것이라고 믿었다. 그는 항공의학연구소의 기획관으로서 제트비행기의 비상탈출 좌석을 연구하기 위해 수많은 공군 기지를 돌아보았다. 1955년 9월 12일, 스탭은 자신이 "불필요한 죽음을 막기 위한 운동"이라고 일컬은 일을 시작한다.

스탭은 1910년에 태어나 부모가 선교사로 활동하던 브라질의 바이아에서 자랐다. 그의 부모는 아주 엄격해서 친구들과 어울리는 것을 허락하지 않았다. 어릴 적 스탭의 가장 친한 친구는 집안의 흑인 하인이었다. 그는 바베이도스 출신의 프로권투선수로서 스탭에게 권투를 가르쳐 주었다. 스탭은 권투 경기를 하다가 매트에 20번씩이나 나가 넘어진 적도 있었다. 하지만 다시 벌떡 일어나서 경기를 계속했다. 마침내 스탭을 케이오시킬 배짱이 없던 상대 선수가 기권을 외쳤다. 스탭은 체구가 작았지만 강단이 센 소년이었다.

스탭은 학교 대신 집에서 어머니에게 공부를 배웠다. 스탭은 매우 지적이고 독립적인 소년이었다. 그는 다락방에서 발견한 덫에 걸린 주머니쥐를(근처의 술 공장에서 매일 럼주를 홀짝홀짝 훔쳐 마시곤 했다) 혼자서 연구할 정도로 똑똑했다. 하지만 그의 아버지는 순교 성인들의 전기 같은 책만을 보기 원했다.

스탭이 13살에 텍사스 주의 브라운우드 고등학교에 입학하려 했을 때 교장이 그가 너무 어리다고 말했다. 그래서 스탭은 교장에게 진화이론을 요약한 노트를 보여 주었다. 깜짝 놀란 교장은 그의 입학을 허락했다.

13살이 되던 해에 그의 부모는 고등학교 진학을 위해 스탭을 텍사스 주 브라운우드의 친척 집으로 보냈다. 15살에 스텝은 텍사스 주 와코에 위치한 베일러 대학에 입학했다. 스탭은 크로스컨트리부터 바순 연주까지 관심 분야가 아주 다양했다. 부모가 조금씩 보내는 돈으로 살아야 했으므로 하루를 50센트로 버텼다. 그래서 생물학 수업 시간에는 기니피그 조직 표본을 만들고 남은 고기를 요리해 먹었다. 1955년 「타임」 지와의 인터뷰에서 "숨을 쉬는 것이라면 단백질이 있기 마련이고, 단백질을 갖고 있는 것이라면 뭐든 먹어치웠죠"라고 고백했다.

스탭이 사람들을 안전하게 지키고 싶다는 생각을 갖게 된 데는 어린 사촌동생의 죽음이 영향을 준 것이 틀림없다. 어느 날 저녁 텍사스 버넷에 사는 친척아저씨의 집을 방문한 스탭은 교회에서 돌아와 2살 된 어린 사촌동생이 벽난로에 종이를 던지는 장난을 하다가 옷에 불이 붙는 광경을 목격했다. 스탭은 62시간 동안 쉬지 않고 심한 화상을 입은 어린 사촌동생을 돌보았지만 그 아이는 결국 죽고 말았다. 스탭은 "그때 죽음을 처음 보았습니다. 저는 바로 의사가 되겠다고 결심했습니다"라고 말했다.

스탭은 대학 졸업 후에 동물학으로 석사 학위를 받았고, 생물학과 물리학에 대한 관심을 종합한 생물물리학으로 박사 학위를 받았다. 그 후에는 덜루스에 위치한 미네소타 대학에서 의학박사 학위를 받았다. 1943년에는 덜루스의 세인트 메리 병원에서 인턴으로 일했다. 그는 이제까지 자신이 오로지 학문적 목적을 위해 연구에 매진하는 순수 과학자들만을 보아 왔다고 느꼈다. 이제 "과학과 인간이…… 한 팀을 이루어 사람의 생명을 구하는 현장"이 보이기 시작했다.

항공의학 연구를 하는 동안에도 스탭은 돈을 받지 않고 주위 사람들을 치료해 주었다. 그는 "갓돌 병원"이라고 이름 지은 수신자부담 전화를 개설해서 무료진료를 하기도 했다. 가장 바쁜 실험 기간 중에도 저녁마다 정성을 다해 사람들의 전화 진료를 해 주었다.

: 조종사들의 안전

스탭이 의과대학을 졸업한 직후인 1943년에 제2차 세계대전이 터졌다. 항공의학이라는 새 분야에 종사할 군의관으로서 그의 인생이 시작되고 있었다. 스탭과 동료 군의관들은 비행기에 부착된 좌석조종석과 조수석에 찢겨 나가는 사고에 의해 사망한 군인들이 많다는 사실을 알게 되었다. 그래서 이 분야의 몇몇 전문가들은 충돌할 때 조종사들이 순간적인 감속을 어느 정도까지 그리고 얼마나 오랫동안 견딜 수 있는지 알아내는 실험에 인체모형을 사용할 계획을 세웠다. 몇 년이 지난 1947년에 스탭은 1951년까지 캘리포니아의 에드워드 공군기지에서 장기적으로 이 계획을 실행할 새로운 프로젝트를 맡게 되었다. 이 일은 사람들의 안전을 지키려던 스탭의 바람과 완벽히 맞아떨어졌다.

스탭의 지도를 받아 공군 의무대원들은 인체모형으로 실험한 다음에 사람에게 실험하기로 했다. 스탭은 사람을 대상으로 최초의 실험을 하게 될 것이다. 첫 번째 실험은, 충돌할 때 급작스러운 감속이 주는 충격을 얼마나 견딜 수 있는지 그리고 탈출 방법을 찾기에 충분한 5분 동안 의식이 있을지 알아보기 위한 실험이었다. 실험을 위해 로켓썰매가 지상 콘크리트에 볼트로 고정한 강철 활주로를 달려 나갔다. 스탭은 인체모형에서 사람으로 실험을 진행하기 위한 첫 번째 로켓썰매 시험주행을 했다. 이 실험은 시작에 불과했다. 그때 이미 스탭은 자신이 직접 썰매에 탑승할 마음을 먹고 있었다.

'그랜드 슬램' 이라는 별명으로 불렸던 2번째 실험 팀에는 조지 니컬스가 수석 엔지니어로 참여했다. 니컬스는 감속 브레이크뿐만 아니라 시험 로켓썰매를 설계하고 제작한 노스럽 항공사에서 파견되었다. 그리고 정비 팀장 제이크 슈퍼레이터와 정비사 2명, 기계기술자 2명이 함께했다. 물론 제7의 대원으로 군의관 스탭이 참여했다.

첫 번째 로켓썰매는 공군을 위해 특수 제작된 것으로 좌석이 달린 구두상자처럼 보였다. 스탭은 '깜짝이야' 라는 뜻의 '지 위즈' gee whizz라고 불렀다. 썰매는 크기가 소형차만 하고 무게가 680kg에 동력이 454kg인 추진기 4개가 달려 있었다. 썰매는 거의 시속 322km에 달하며 감속력은 50g로 감소했다. 시험주행을 위해 마련한 600m 길이의 트랙은 그 중간쯤에서 시작된 레일 사이에 브레이크 장치를 갖추도록 설계되어 있었다. 여기에 로켓썰매의 바닥이 부딪쳤을 때 충분한 정지 압력을 갖도록 각 실험 전에 설정되어 있어서 개별 시험을 위해 계획된 정확한 감속량으로 정지하게 되어 있었다.

스탭이 로켓썰매 주행시험을 실시한 이유는 급작스러운 감속이 일어날 때 인체가 견딜 수 있는 중력가속도를 알아보는 것이었기 때문에, 썰매는 때로 "감속기"라고 불렸다.

그랜드 슬램 연구팀은 로켓썰매에 '오스카'

g는 감속이나 가속의 변화 속도를 재는 단위(중력가속도)다. g는 또한 물체에 가해지는 힘의 단위다. 1g는 지구에서 사람이나 물건이 떨어질 때 받는 충격을 가리킨다. 이는 곧 우리를 아래로 끌어당기는 중력, 다른 말로 하면 우리의 몸무게를 뜻한다. g로 표시되는 힘은 여러분을 위로 밀어 올릴 수도 있고 아래로 또는 옆으로 밀어 버릴 수도 있다. 스탭에게 가해진 g, 즉 중력가속도는 로켓썰매 프로젝트 기술자가 달아준 계기판에 나타났다.

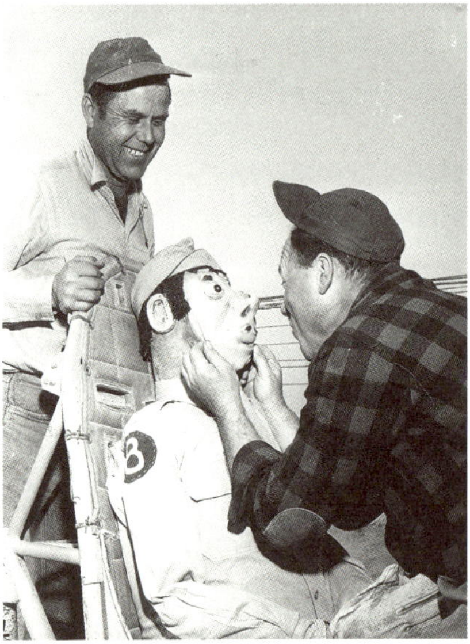

존 마리온과 제이크 슈퍼레이터가 오스카 에이트볼에게 로켓썰매에 탑승할 준비를 해 주고 있다. 1947년경.

라는 이름의 인체모형을 태웠다. 오스카는 금속으로 만들어졌고 무게가 보통 성인남자와 비슷한 84kg이었다. 오스카는 생명을 잃는 일 없이 로켓썰매가 급정지할 때 주는 엄청난 충격을 견뎌 냈다. 연구팀은 오스카를 이용해서 로켓썰매와 브레이크 체계를 이해하고 통제할 수 있었고, 그 결과 스탭이 타도 안전할 것이라 확신할 수 있게 되었다.

연구팀은 안전벨트를 매지 않고 로켓썰매에 탔을 때 어떤 일이 일어날지 알아보기 위한 주행시험을 했다. 오스카는 로켓썰매가 급정지했을 때 움직임을 볼 수 있도록 느슨히 묶였다. 이번 주행시험에는 인체모형의 변화를 정확히 보기 위해 썰매에 나무창을 달았다.

로켓썰매가 브레이크에 충돌했을 때 오스카가 어떻게 되었을지는 짐작한 대로다. 바닥에 있던 고정 장치가 부서지면서 오스카는 3cm 두께의 나무창을 종잇장처럼 찢고 나가 200m 위로 솟구쳤다가 트랙에 나가떨어졌다. 이 사고 후에 스탭은 모형의 이름을 "오스카 에이트볼"이라고 바꾸었다. 오스카를 이용한 방대한 실험을 통해 일단 로켓썰매의 안정성이 입증되자 연구팀은 스탭이 타도 안전할 것이라 생각했다. 그래서 스탭은 추진기 4개 중에서 1개만 달고 시속 160km 이하로 제한

하고 감속력을 5g 이하로 낮추고 자신이 직접 썰매에 탑승하는 주행시험을 했다. 이 주행시험이 성공적으로 끝나자 스텝은 다시 한 번 주행 준비를 했다.

다음 단계의 시험에서 연구팀은 훨씬 개선된 인체모형 '시에라 샘'을 처음으로 사용했다. 캘리포니아의 시에라 매더 사에서 제작한 샘은 알루미늄과 강철 뼈대로 이루어졌고 플라스틱 피부를 가졌으며 몸체와 머리 안이 비어 있었다. 몸에 측정기를 부착할 수 있었다. 중압계가 썰매를 타는 동안 샘에게 가해지는 압력을 보여 주었고, 속도측정기로 가속과 감속이 한꺼번에 측정되었다. 샘도 오스카처럼 스탭보다 먼저 수없이 충돌시험 대상이 됨으로써 로켓썰매에서 탑승자를 보호할 방법을 보여 주었다.

여러분이 시속 100km로 운전하다가 브레이크를 밟고 20m이내에서 멈추었다고 치자. 2g, 즉 여러분 몸무게의 2배의 충격이 자동차 핸들에서 여러분에게 가해진다. 만일 여러분이 3.5m 이내에서 멈추었다면 10g의 힘이 앞에서 짓누른다. 여러분보다 10배나 무거운 사람이 뒤에서 여러분을 때린 것 같은 느낌이 들 것이다.

로켓썰매에 올라타다

1947년 10월 10일에 스탭은 로켓썰매 좌석에 올라탔다. 대원들이 어깨 고정대와 무릎 벨트로 그를 묶었다. 그날의 주행시험을 위해서 썰매의 뒤쪽에 추진기 1개가 달렸다. 카운트다운이 끝나자 추진기가 발진되었고 스탭이 탄 썰매는 시속 145km

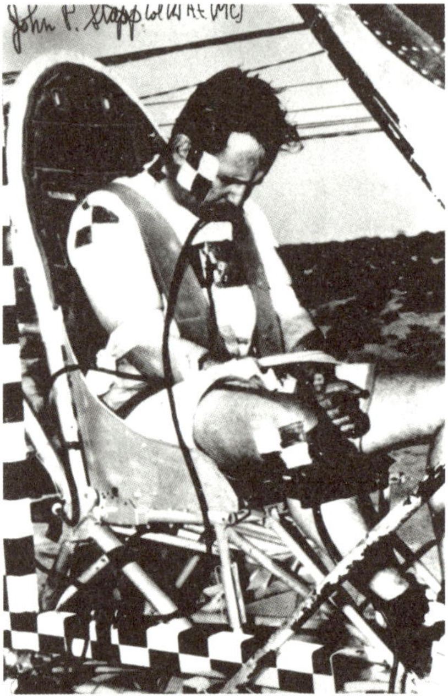

지 위즈 로켓썰매에 줄과 가죽 끈으로 묶여 있는 스탭이 시험주행을 준비하고 있다. 1948년경.

로 트랙을 따라 달렸다. 스탭은 다친 곳이 없고 근육이 뻣뻣하고 쑤셨을 뿐이다.

다음 날 두 번째 주행시험에는 로켓썰매에 추진기 3개를 달았다. 썰매는 시속 290km에 달했고 10g, 곧 보통 지상에서 사람이 일반적으로 받는 중력의 10배나 되는 충격을 받으며 멈춰 섰다. 이번에도 스탭은 가벼운 상처만 입었다. 이 주행시험 이후에 스탭은 18g가 사람이 견딜 수 있는 한계치라는 당시 과학계의 정설을 더 이상 믿지 않았다. 35g까지 별문제가 없을 것이라고 생각했다.

1948년 로켓썰매 시험주행에서 스탭은 18g에 도달함으로써 당시 생각되던 한계치를 넘어섰다. 이제 사람의 몸은 훨씬 더 급격한 감속의 충격에도 견딜 수 있음을 증명하기 위한 실험이 착착 진행되어 갔다. 그러나 실험을 주관하던 공군 사령부에서 썰매 주행이 사람에게 너무 위험하다는 결론을 내렸다.

스탭은 대단히 실망스러웠지만 로켓썰매 탑승을 중지하라는 상관의 명령을 따를 수밖에 없었다. 감속도를 더 높이는 실험을 위해 공군은 근처 동물원에서 사람과 가장 유사한 침팬지를 데려다 쓰라고 했다. 동물원에서 파견된 두 직원이 종일 침팬지들을 돌보았다. 침팬지들은 모두 다 이름이 있었고 로켓썰매 트랙 근처의 우리에서 살게 되었다. 견딜 수 있는 최대 감속도가 아니라는 스탭의 믿음을 증명하기 위해서 침팬지들은 18g까지 견뎌냈다.

그해 스탭은 썰매에 훨씬 튼튼하고 두껍게 덧댄 좌석 등받이를 설치했다. 그리고 다시 썰매에 올랐다. 그는 감속력을 5g씩 올릴 때마다 두 번씩 주행 실험을 했다. 그런 방식으로 스탭은 35g까지 올렸다. 그는 약간 어지러웠고 시야가 흐려졌으며 온몸에 멍이 들었다고 보고했다. "그렇지만 다른 증상은 나타나지 않았다"라고 매우 객관적인 태도로 기록했다.

1947년 12월부터 1948년 5월까지 스탭은 썰매에 16번이나 탑승했다. 그는 시험 삼아 후방향을 향해 앉아 보았는데, 그 방법은 큰 도움이 되었다. 덕분에 스탭은 35g까지 높일 때 받는 충격을 더 잘 견뎌낼 수 있었다. 이 실험을 통해 스탭은 공군의 수송용 비행기의 좌석을 후방으로 향하도록 설계해야 한다고 권고했다.

썰매를 타겠다고 자원한 사람이 있었는데, 그도 스탭처럼 주행 실험에 참여했다. 이 자원자는 급격한 감속으로 인한 쇼크 증세를 나타냈고, 스탭은 그 원인을 찾아내려 했다. 스탭은 철저하고 정확하게 원인을 분석했다. 그는 전에 자원자가 했던 실험과 동일한 조건에서 썰매를 탔다. 반복적으로 실험을 거듭한 결과, 그는 온몸에 멍이 들고, 손목이 부러지기까지 했다. 스탭은 급정거를 하는 동안 쇼크를 받은 이전의 실험자가 고개를 숙이지 못해 헬멧이 거의 벗겨질 뻔했다는 사실을 알아냈다.

스탭은 즉시 감속할 때 벗겨지지 않을 새로운 헬멧을 준비했다. "이제 내 머리가 몸뚱이에 붙어 있든 아니든 간에 절대 헬멧은 벗겨지지 않을 것이다"라고 그는 기록했다.

초음속은 "소리의 속도보다 빠른" 속도를 의미한다. 대기가 맑은 날 기온이 22.2도(화씨 72도)일 때 약 시속 1,245km이다.

1951년 6월, 존 폴 스탭은 에드워드 공군 기지에서 썰매와 트랙 실험을 통해 충돌할 때 받는 힘을 줄이는 방법에 대해 연구를 마쳤다. 1953년에는 오하이오 주 데이턴 근처의 라이트 공군 개발 센터에 잠깐 근무했다. 이후에 스탭은 할로맨 공군기지로 옮겼고, 항공의학연구소의 소장이 되었다. 이제 공군장교 9명과 함께 연구하게 되었다. 그들은 로켓썰매로 제트비행기의 광속이 일으키는 공기 저항의 충격과 비상시 탈출 좌석의 감속에 대해 모의실험을 했다.

로켓썰매를 타고 달리는 것은 제트비행기를 타고 급상승하는 것과 아주 비슷하다. 지상에서 시속 966km로 달리는 것은 51,500km 높이의 상공에서 시속 1,610km로 나는 것과 비슷하다. 왜냐하면 높이 상승할수록 공기의 밀도가 낮아지고 가볍기 때문이다. 그래서 지상의 훨씬 무거운 공기 속에서 실험한 스탭의 로켓썰매는 높이 비행하는 조종사의 조건에 직면하게 되는 것이다. 이번에는 조금 더 발전시킨 기계를 이용했는데, 스탭은 실험마다 다시 한 번 로켓썰매를 타려 했다.

새 로켓은 빨간색으로 칠을 했고 스탭은 다시 "차량번호 1, 소방서 자원자"라는 별명을 붙였다. 그것은 물브레이크를 장착했다. 탱크를 통해서 물을 끌어오는 스쿠프가 썰매 몸체 밑에 설치되어 있었다. 철저하게 수준 측량이 되어서 각 시험을 위해 계획된 적절한 시간에, 로켓썰매를 세울 수 있도록 적절한 깊이와 길이 등을 맞추게 되어 있었다. 약 1년 후 할로맨 기지에서 '초음속' 으로 달리는 훨씬 빠른 썰매가 개발되었다. 그것도 물브레이크를 가지고 있었는데 시속 1,210km로 달릴 수 있고 중력가속도 150g로 감속할 수 있다. 그것은 두 개의 레일을 가뿐하게 잡아 주는 강철 '덧씌우개' 를 장착하고 있는데 두 레일의 간격은 2m이고 총 트랙 길이는 1km에 달했다.

초음속으로 달리는 썰매

1954년 12월 10일 스탭이 초음속으로 달릴 수 있도록 대원들이 특별 수행을 준비했다. 유리섬유로 된 헬멧은 몸 전체를 감싼 조종복의 목에 지퍼로 고정되어 분리되지 않도록 했다. 그러고 나서 파란 비행복을 입고 부츠를 신고 얇은 가죽 비행장갑을 끼고 좌석에 올라탔다. 물브레이크가 작동했을 때 그가 자리에서 튕겨 나가지 않도록 넓은 안전벨트를 무릎에 채웠다. 또 어깨끈으로 메고, 좌석에 그의 몸을 단단히 고정시켰다. 팔꿈치는 몸 쪽에 꼭 맞게 붙여서 등 뒤에 연결된 가죽 끈으로 꽁꽁 묶었다. 왜냐하면 시속 644km 이상에서는 돌풍이 일어나

뼈가 부러질 정도의 힘으로 사람의 사지를 잡아채서 연처럼 날려 버린다.

스탭의 다리는 무릎 위와 아래가 가죽으로 묶여 있고 손목은 무릎 위 가죽벨트에 끈으로 연결되어 있다. 가슴을 동여맨 끈은 의자등받이에 너무 꽉 닿아 있어서 겨우 숨을 쉴 수 있었다. 입에 물고 있는 고무 쪽에도 역시 가속측정기가 부착되어 있는데 이 사이로 밀어 넣었고 헬멧의 안경 부분은 얼굴에 꽉 부착시켜 놓았다. 그렇게 하고 나서 대원들은 안전을 위해 관제소나 트랙 양쪽에 만들어 놓은 콘크리트 벙커로 달려갔다.

이륙까지 60초 남았음을 알리는 사이렌 소리가 뉴멕시코의 툴라로사 계곡을 가로질렀을 때쯤 스탭과 소닉 윈드초음속으로 달리는 썰매의 애칭는 나갈 준비가 되어 있었다. 주행을 하기 전에 늘 그는 자신을 둘러싼 모든 풍경을 주의 깊게 둘러보았다. 시력

1954년 12월 할로맨 공군 기지에서 소닉 윈드 1호 대원이 스탭을 로켓썰매에 탑승시키고 있다.

을 잃거나 죽을 수도 있었으므로 그것들을 다시 볼 수 있을는지 자신할 수 없었다. 발 밑에 놓인 하얗고 긴 고랑을 바라보면서 그는 긴장했다. 그는 손에 쥐고 있는 줄에 정신을 집중했다. 썰매가 달리는 동안 그의 눈앞에서 매초 기록할 카메라를 작동시키기 위한 줄이었다. 그는 다섯까지 카운트다운 했을 때 줄을 잡아당겼다. 그리고 마지막으로 숨을 한 번 크게 내쉬자 썰매는 튀어 나갔다.

"무시무시하게 빠른 기차가 등 뒤에서 달려오고 있는 것 같았다"라고 스탭은 나중에 그때의 기분을 묘사했다. 그날, 완전히 정지해 있던 로켓썰매는 단 5초 만에 시속 1,017km의 속도를 내며 미친 듯이 달렸다. 좌석 뒤에서 뿜어내는 추진력은 뒤에서 스탭의 몸무게보다 10배나 되는 강한 힘으로 밀어붙였다. 로켓썰매는 제트기의 속도로 모래에서 트랙을 따라 총알처럼 달려 나갔다. 스탭은 최고 속도로 나갔기 때문에 바람이 그의 머리를 망치로 두드리듯 부딪쳐오고 헬멧의 가리개 부분을 벗겨 버리려는 듯이 위협을 했다. 실험의 마지막 단계는 로켓썰매를 멈추는 것이었다. 물브레이크가 수조를 쳤을 때 그것은 시속 193km로 벽돌담에 충돌하는 것과 같았다. 썰매는 1.4초 만에 죽은 듯이 멈춰섰다. 손가락을 튕겨 '딱' 소리를 내는 것만큼 짧

여러분이 급격한 감속으로부터 받는 충격은 가해지는 힘의 세기뿐만 아니라 그 힘의 지속 시간에 의해서도 좌우된다 1954년 12월 10일에 막을 내린 기록에 따르면, 스탭의 몸을 강타한 25g의 힘은 썰매가 정지하는 데 걸린 1.4초 동안 지속되었다. 만약 그런 감속의 충격이 75초 동안 지속되었더라면 그는 살아남지 못했을 것이다. 나중에 스탭은 사람의 몸이 5톤의 힘을 견뎌 낼 수 있지만 단 0.25초 동안만이라는 것을 증명했다.

존 폴 스탭이 자신의 몸에 행한 실험은 1956년 「우주의 문턱에서」라는 영화의 소재가 되었다.

은 시간이었다. 그 순간 스탭은 좌석벨트에 걸린 채 허공으로 솟구쳤다.

시속 1,017km라는 속도로 달려 스탭 대령은 지구상에서 가장 빠른 사람이 되었다. 그는 45구경 칼리버 총알보다도 빠르게 달렸고, 정지한 동안 그가 받은 충격은 어떤 비행기 사고를 당한 사람들보다도 훨씬 강했다. 스탭은 그 자신과 팀 원들이 그를 적절하게 보호하는 법을 배웠기 때문에 살아남았다. 이 시험주행으로 사람들은 그를 "세상에서 가장 용감한 사람"이라고도 불렀다.

1954년 12월 실험이 있던 날, 동료들은 시험 주행을 마치고 로켓썰매에서 내리는 스탭을 돕다가 그의 몰골을 보고 깜짝 놀랐다. 그들 중 한 명은 스탭의 얼굴에 대고 손가락을 흔들어 보였지만 스탭은 그들을 보지 못했다. 급정거를 한 충격 때문에 시력을 잃었던 것이다. 이것은 전혀 예상하지 못했던 결과였다. 스탭은 신문과의 인터뷰에서 자신은 심지어 "빛을 비추면서 눈을 가리고 다시 푸는 검사까지 했는데, 만일 눈이 멀었더라도 어쩔 수가 없는 일이었다"라고 말했다.

나중에 스탭은 로켓썰매가 완전히 정지했을 때 느낀 고통에 대해서 이렇게 썼다. "마치 눈알이 머리에서 뽑혀 나가는 것처럼 느껴졌는데 이가 뽑힐 때 느끼는 아픔과 똑같은 종류의 고통이었다." 스탭은 들것에 실려 병원으로 후송되었다. 검사 결과 스탭의 망막이 박리되지는 않았다고 했고 그것은 희망을 주었다. 로켓썰매 팀은 저녁을 먹은 후 그를 방문했다. 비록 문병한 손님들이 침대 주위에 서 있다는 것을 알았지만 여전히 그들을 볼 수가 없었다.

다음 날 낮에 스탭은 다시 찾아온 대원들의 윤곽을 알아보았지만 몇 명인지 겨우 헤아릴 정도였다. 두 번째 날 저녁에 찾아왔을 때는 비로소 각 대원들을 알아볼 수 있었다. 그제야 대원들은 그가 눈이 멀지는 않겠다고 안심할 수 있었다. "누구도 경험해 보지 못한 가장 아름다운 빛나는 물체를 보았다"라고 그는 나중에 적었다. 이렇게 "빛나는 것"이 보인 것은 그의 두 눈이 급정거 때문에 심하게 타격을 받았기 때문에 일어난 현상이었다. 그러나 스탭의 생각과는 달리 12월의 시험주행 이후로 그는 무사하지만은 않은 것으로 알려졌다.

시속 1,017km의 기록을 세우기 이전에 28번이나 한 스탭의 시험주행 동안, 비록 충격 완화 장치를 장착하고 안전벨트를 4개나 했지만 그는 여전히 물집이 생기고 팔이 부러지고 손목, 갈비가 부러졌고 망막 출혈이 생겼으며 가벼운 뇌진탕 증세가 있었고 등뼈가 부러지는 등의 이상 증세를 보였다. 이 모든 상해에 대해 치료를 받은

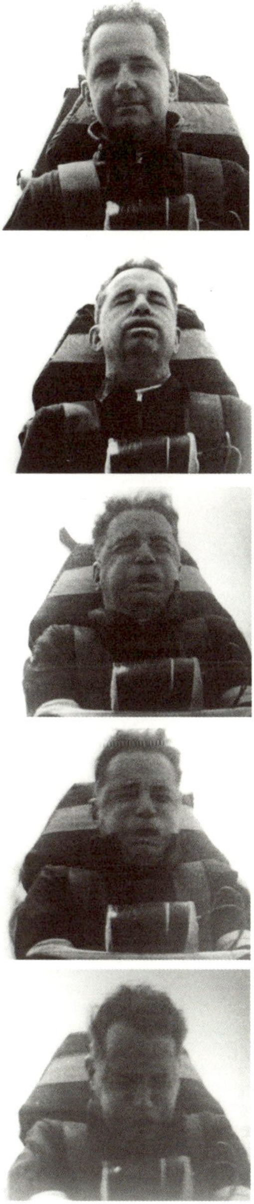

뮤록/데드워즈 공군기지에서 시험주행을 하는 동안 지 위즈에 장착된 카메라가 스탭의 얼굴을 찍었다. 그가 마지막에 다다른 기록보다는 훨씬 느린데도 불구하고 갑작스러운 가속과 감속의 충격은 이때에도 충분히 극적이었던 듯하다.

것은 물론이다.

소닉 윈드 다음에 개발된 차세대 로켓썰매는 "소닉 윈드 2호"라고 불렸다. 그것은 길이가 2.5m이고 땅딸막하며 로봇 거미처럼 생겼다. 이 썰매는 32톤짜리 로켓추진기로 움직이는데 혜성처럼 불길을 내뿜으며 10m나 되는 긴 꼬리를 만들었다. 그것은 1.8초 동안 1km를 달린다.

스탭은 시속 1,610km 이상으로 달리는 이 썰매를 타려고 했지만 그렇게 하기 전에 실험은 중단되었다. 그 속도라면 로켓썰매의 금속 창이 완전히 날아가 버리고 얼굴에 가해지는 충격은 고도 12km에서 시속 3,200km로 날아가는 제트기 밖으로 탈출하는 조종사에게 가해지는 돌풍과 같았을 것이다.

얼마만큼의 급속한 속도 저하를 인간 육체가 견딜 수 있는지 정확한 한계를 알아내기 위해 1956년 12월 15일, 즉 썰매를 타고 시험주행하기까지 2년 이상이 걸렸다. 조종사들을 돌풍과 갑작스러운 감속의 충격에서 보호하기 위해 훨씬 향상된 안전장치를 만들 수 있었던 것은 그의 연구 덕분이었다.

: 우주비행에서의 생체역학

1958년 존 폴 스탭은 「우주공간 비행에서의 생체역학」이라는 제목의 기사를 썼다. 이 글은 미국 공군의 우주비행사들을 교육시키기 위한 교재인 『우주에서의 인간』이라는 책에도 실렸다. 우주여행은 1950년대에도 많은 사람들의 비웃음을 받았다. 「벅 로저스」 같은 만화에서 누구 한 사람이라도 우주를 여행해 본 사람이 있는지 물었다. 그럼에도 불구하고 1950년대 말에 획기적인 발전이 이루어져서 우주여행은 만화의 영역에서 현실로 실현되기 시작했다. 스탭은 로켓썰매 실험 결과를 우주비행에 적용했다.

스탭의 발견이 우주여행 실현을 위해 증명한 것은 우주비행사들이 충격완화 소재를 덧댄 좌석에 안전벨트로 묶인 채 거의 똑바로 누워서 여행 방향과 반대로 있다면 흙 위에 시속 150km로 떨어져도 살아남을 수 있다는 것이었다.

스탭은 로켓썰매 실험 이후 오스카나 샘과 같은 인체모형을 이용한 자동차 안전 실험에 참여했다. 자동차가 충돌할 때 자동차의 범퍼가 차를 보호하지 못하고, 좌석이 너무 쉽게 뜯겨져 나가고, 전면의 금속판은 쉽게 찌그러졌다. 그는 계기판은 앞에 달아야 하고 더 부드러워야 한다고 말했다. 또한 차 문에는 안전잠금 장치를 달아서 충돌할 때 열리지 않도록 해야 한다고 충고했다.

스탭은 1959년에 미국 로켓 협회 회장으로 당선되었는데, 항공의학계에서 그런 지위에 뽑힌 사람은 그가 처음이었다.

스탭은 미국 군인들의 안전을 위해 항공우주의학 연구를 이끌었다. 또한 도로교통안전국에 자문을 해 주었다. 한때 지구에서 가장 위험한 탈것이라고 불리던 로켓썰매를 몰았던 스탭은 1999년 11월 13일 뉴멕시코 주 앨러모고도에 위치한 자신의 집에서 89세의 나이로 세상을 떠났다. 썰매 탑승으로 영향을 받은 게 있다면 시력이 약해져 안경을 썼다는 것뿐이다. 스탭 자동차 충돌 회의는 1955년에 자동차 안전에 관심이 있는 사람들이 모여서 자동차 사고에 의한 상해 등 새로운 정보를 공유하기 위해 시작되었다. 스탭은 1962년부터 이 회의의 종신 명예의장을 맡았다.

1985년에 스탭은 미국 국립항공 명예의 전당에 올랐다. 1991년에는 조지 부시 대통령으로부터 국가기술훈장을 받았다. 스탭의 삶과 업적을 가장 잘 보여 주는 것은 한 장의 사진이다. 죽기 바로 얼마 전 뉴멕시코에서 열린 카퍼레이드에서 스탭이 로켓썰매에 앉아 하늘을 나는 듯 양팔을 활짝 벌리고 행복하게 미소 짓고 있는 사진이다. 자동차를 탈 때는 '세상에서 가장 빠른 사람' 존 폴 스탭처럼 항상 안전벨트를 꼭 챙기자.

이제는 알아요!

■■ 스탭은 자기 인체 실험을 통해 제트기 조종사들의 비상탈출 좌석이 초음속에서도 안전하다는 것을 보여 주었다. 그의 실험은 위급한 상황에 놓인 조종사가 비행기 밖으로 탈출할 수 있도록 안전기술의 향상을 가져왔다. 비행기 좌석의 모양과 안전벨트는 비행기의 고도가 낮아지거나 낙하산이 펼쳐질 때 조종사를 보호하기 위해 다시 설계되었다.

■■ 스탭의 실험은 또한 조종사나 우주비행사가 중력 때문에 의식을 잃지 않도록 조종사복의 개량을 도와주었다. 오늘날에는 태아를 보호하는 어머니의 양수처럼 비행사들을 보호할 수 있는 액체복이 개발 중에 있다. 다리 주변에 압축공기를 주입한 이 옷은 다리 주변을 조여서 머리 쪽으로 체액이 올라갈 수 있도록 하는데, 이는 뇌에 피가 부족하지 않도록 하기 위함이다.

■■ 스탭의 성과 이후에 자동차 개발자들이 안전장치를 향상시키기는 했지만, 그가 스스로 실험 대상이 된 이유는 더욱 완벽해질 수 있도록 계속 연구하기 위해서다. 날카로운 모서리, 뻑뻑한 문과 창문 손잡이 등은 부드럽게 바뀌어야 한다. 계기판은 운전석에서 가능한 멀리 떨어져 있어

야 하며, 좌석은 바닥에 단단히 고정되어야 한다. 차 문과 창문은 안전 잠금 장치가 되어 있어야 하고, 아이들이 타는 뒷좌석은 말할 필요가 없다. 또한 더욱 강한 소재의 차 범퍼가 개발되어 충격에서 운전자를 보호할 수 있어야 한다.

■■ 자동차의 에어백은 이중으로 안전을 보장해 준다. 하나는 운전석에 있는 핸들, 계기판, 앞유리와 직접 충돌하는 것을 막아준다는 점이고, 또 하나는 우리의 몸이 정지하기까지 조금 더 시간적 여유를 줌으로써 갑작스러운 차의 감속을 완화시켜 주는 역할을 한다. 충격의 힘이 약하면 부상의 정도도 약해진다.

■■ 1985년 이후에 빈스와 래리 인체모형의 자동차 충돌 실험은 운전 시 안전벨트의 중요성을 사람들에게 알려주었다. 스탭이 만든 오스카와 샘과 같은 종류의 인체모형이었다. "여러분은 인체모형을 통해 많은 것을 깨달아야 합니다. 안전벨트를 꼭 매세요." 빈스와 래리가 텔레비전에 등장한 이후 미국에서 안전벨트 착용률은 21퍼센트에서 73퍼센트까지 올라갔다.

■■ 만일 스탭이 지금 21세기에 돌아올 수 있다면, 자동차의 안전을 위해 무엇을 제안할까? 아마도 자동차 내부에, 예를 들어 차 문이나 천장, 바닥, 창문에 깊고 부드러운 충격완화 소재를 덧대라고 하지 않을까? 그래서 어떤 사고가 나더라도 안전벨트 덕분에 무사하거나 차 전체가 젤리처럼 말랑말랑해 부딪쳐도 다치지 않을 것이다. 어쩌면 차 내부처럼 외부에도 충격완화 소재를 덧대라고 하지는 않을까?

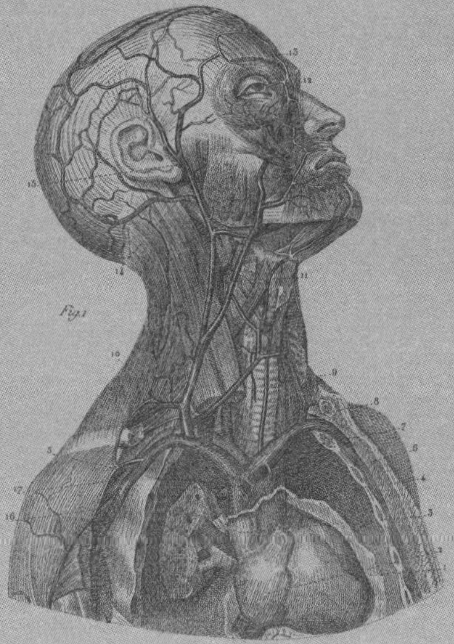

Fig. 1

스테파니아 폴리니

이탈리아의 실내 건축가로 고립 실험에 자원했다.

1989년 미국 뉴멕시코 사막의 동굴에서 131일 동안 고립되어 있었다.

고립 실험

10 홀로 동굴에 갇혀

우리는 왜 밤마다 같은 시간에 24시간 간격으로 잠이 들까? 왜 6시간이나 16시간마다 잠들지 않을까? 우리의 두뇌 리듬은 눈에 비치는 빛에 의해 조절된다. 지구의 자전은 24시간(정확히 23시간 56분)마다 한 번씩 일어나므로 태양은 24시간 주기로 떠오르고 지는 것이다. 우리의 두뇌는 이 주기에 맞춰 활동을 한다. 그렇다면 하루가 지구 시간으로 243일인 금성에서는 어떤 일이 일어날까? 지구 하루 시간의 1/3인 81일 동안 줄곧 잠을 자게 될까? 공복, 호르몬 분비, 체온 유지 등 생체리듬이 몽땅 깨지지 않을까? 진짜 밤과 낮이 없는 우주선 안에서는 어떤 일이 벌어질까?

동굴고립실험

우주 과학자들은 까마득히 먼 우주로 떠나기 전에 가능한 한 많은 것을 알고 싶었다. 1989년 1월 13일에 젊은 이탈리아 여성 스테파니아 폴리니가 새로운 자료의 수집을 돕기 위해 미국의 뉴멕시코 주에 있는 '로스트 동굴Lost cave' 깊숙한 곳으로 들어갔다. 동굴 안은 늘 춥고 어둡고 조용했다. 햇빛도 새소리도 자동차 소음도 들리지 않아 외부 세계의 시간이 어떻게 돌아가는지 전혀 느낄 수 없었다. 우주비행사처럼 그녀는 컴퓨터 메시지 외에는 가족과 완전히 격리되어 있었다. 그녀는 아직 어떤 여성도 그렇게 오래 머무른 적이 없는, 동굴 안에서 살기로 예정되어 있었다.

폴리니는 이탈리아의 사회학자이자 심리학자인 마우리치오 몬탈비니가 이끄는 과학 연구팀에 참여했지만 과학자는 아니었다. 몬탈비니는 미국항공우주국NASA의 연구에 협력하고 있었고 여러 나라에서 온 과학자들이 그 결과를 분석하기로 했다. 이 실험 결과가 화성 탐사에 나서기 전에 우주 비행사들을 대상으로 정확한 실험 계획을 수립하는 데 도움이 될 것이다.

24시간 주기

우리는 눈, 뇌, 간, 신장, 심장 등 몸의 각 부분에 똑딱거리는 시계를 여러 개 갖고 있다. 우리의 피는 아침에 가장 점성이 강하다. 반면에 후각이라든가 운동 능력은 오후에 절정에 달한다. 그리고 우리의 위는 저녁에 위산을 가장 많이 분비한다. 우리는 잠을 자고 깨어난다. 그에 따라 체온은 오르락내리락한다. 이런 리듬은 하루 24시간 주기로 되풀이되므로 "24시간 주기"라고 불린다.

몬탈비니 자신은 이미 동굴 실험을 경험한 바 있다. 그는 1986년 12월 14일부터 210일 동안 동굴에 완전히 고립된 상태로 머물러 세계기록을 세웠다. 그러나 고립된 상태에서 감염에 대항하는 면역 수치의 변화를 비롯한 여성의 몸에 대한 많은 실험 결과가 필요했다.

폴리니는 "이것에 많은 사람들이 과학적 관심을 가질 것이라 이해합니다. 그래서 저도 공헌을 하고 싶습니다"라고 기자에게 말했다.

폴리니가 이 실험에 자원한 데는 개인적인 사유도 있었다. 동굴에 있는 동안 알세스티스 오베르그 기자가 컴퓨터를 통해 던진 질문에 보낸 답지에 따르면 그랬다.

"단기간의 목표는 간단합니다…… 나 자신에 대해 더 알고 싶고, 동굴 같은 데에서 혼자 살아갈 능력과 가능성이 있는지도 시험하고 싶습니다. 궁극적으로 다른 삶을 경험하고 더 나은 삶을 살게 되기를 간절히 바랍니다."

실내 건축가로서 폴리니는 색다른 생활환경에 관심이 많았다. "나는 작은 공간에 매료되었어요.…… 만약에 공간이 합리적으로 설계된다면 작은 공간에서 사는 것은 아름다운 경험일 거예요." 게다가 그녀는 동굴을 좋아했다. 동굴에서는 세상과 멀리 떨어진 듯하지만 한편으로 안전하다는 느낌이 들었다.

당시 스테파니아 폴리니는 27살이었고 몸무게가 50킬로그램밖에 안 되었지만 아주 씩씩했다. 그녀는 유도 유단자였다. 그녀는 이미 텍사스 주 휴스턴에 있는 NASA의 존슨 우주 센터에서 여러 의학 실험을 거쳤다. 동굴에 머무는 동안 자신의 몸에 많은 실험을 하기 위해 훈련을 받은 것이다.

실험이 시작되기 이틀 전 폴리니는 로마에 있는 가족과 친구들에게 작별인사를 했다. 몇 달 동안 그들을 볼 수도 없고 전화로 목소리조차 들을 수 없다. 오직 컴퓨터 화면으로 입력된 메시지를 받을 수 있을 뿐이다.

그녀는 또한 "1월 12일의 아름다운 마지막 해돋이에게" 작별을 고했다. 그리고 "마치 마지막인 것처럼 모든 것을 바라보았다." 그녀는 고독해지기를 원했다.

폴리니는 동굴의 어둠에 충격을 덜 받기 위해 새벽 3시에 로스트 동굴로 갔다. 그녀는 몬탈비니와 그의 아내 아나톨라, 내과 의사 안드레아 갈바뇨와 함께 땅 속의 좁다란 길을 따라 동굴로 들어갔다. 그들은 거기서 두 시간 동안 함께 있다가 폴리니를 남겨 두고 나왔다. 그들은 몇 달 동안 사막에 위치한 동굴 위 트레일러에서 보낼 예정이다. 이제 폴리니는 쥐, 귀뚜라미, 개구리, 거미 몇 마리를 빼면 혼자다. 겨울과 봄이 지나기 전까지는 태양과 별을 전혀 볼 수 없다. 그녀는 동굴 실험을 준비하는 4개월 동안 이런 삶을 꿈꾸었고 동굴 생활을 수천 번도 더 상상했다. 피곤하고 걱정스럽지만 마침내 실험이 시작되었다.

철문이 동굴 입구 위로 쨍 소리를 내며 닫히자 폴리니는 "아! 저 사람들이 농담한 게 아니었구나"라는 생각이 들었다. 그다음에는 "이제 내가 얼마나 잘해 내는지 보자구"라고 생각했다고 나중에 오베르그 기자에게 말했다.

• 동굴 속의 생활

과학자들은 비디오카메라로 폴리니의 모든 행동을 관찰하기 시작했다. 그들은 마이크로폰으로 모든 소리를 엿들었다. 그리고 꿈의 주기를 알아내기 위해 잠자는 동안 그녀의 눈동자 움직임을 살폈다. 곧 그녀는 동굴 밖으로 내보낼 피와 소변의 표본을 모으기 시작했다.

로스트 동굴은 뉴멕시코 주 칼스배드 동굴 국립공원의 주변에 흩어져 있는 600여 개의 작은 동굴 중 하나다. 이 동굴에서 가장 큰 공간은 천장이 일반 주택보다 약간 높고 넓이가 축구장만 하다. 깊이는 대략 지하 9미터로 3층집의 높이에 해당한다. 사막은 숨이 막힐 정도로 덥거나 눈이 내릴 정도로 춥지만, 동굴 안은 늘 섭씨 20도 정도로 서늘했다.

동굴로 들어간 폴리니는 플렉시글라스와 나무로 만들어진 부엌만 한 크기의 거주지에서 살면서 작업을 했다. 과학자들이 카메라를 통해 관찰해야 했기에 벽은 없었다. 거주지에는 음식이 놓인 선반 하나, 책상과 의자 하나, 컴퓨터 여러 대, 그리고 의료장비가 있었다. 시계는 없었다. 형광등과 스포트라이트가 폴리니와 거주지를 밝혔다. 등의 밝기를 줄일 수 있지만 끌 수는 없었다. 이곳의 바깥은 암흑 세상이었다.

작은 '욕실'이 카메라가 비추지 않는 유일한 공간이었다. 여기에는 화학 작용으로 작동하는 변기와 거울이 있었다. 몇 달 동안 그녀는 수건과 병에 든 물만으로 목욕해야 했다.

여가 시간을 보내기 위해서 폴리니는 소설, 시, 극본, 동굴 탐사에 대한 책, 영어 문법책, 이탈리아어 사전 등 책 400권을 가져왔다. 기타와 카드, 그림도구와 일기장도 가져왔다.

그녀가 좋아하는 식물성 음식인 쌀, 콩, 말린 과일, 해초와 가루우유가 넉넉히 준비되어 있었다. 핫플레이트로 요리를 할 수 있었다. 수경재배 용기에서 밀싹과 물냉이도 키울 수 있지만, 신선한 채소는 새로 배달되지는 않을 것이다.

실험이 시작되고 며칠 동안 폴리니는 피로감과 현기증을 느꼈다. 적혈구와 백혈구의 수치가 떨어졌다. 과학자들은 그 이유를 몰랐지만 수치는 나중에 정상으로 회복되었다.

그녀는 동굴의 오래된 곰팡내를 맡았다. 동굴에 쌓인 돌 더미를 보면서는 그것들이 동굴 천장에서 굴러 떨어졌을 아주 오래 전에 천지를 뒤흔드는 굉음이 났겠지라고 상상했다. 바위가 떨어져서 자신을 깔아 버리지 않을까? 이 동굴이 더 이상 안전하고 견고하지 않아 보였다.

"내 집이 산사태로 무너질 수도 있겠구나"라고 생각했다.

하지만 폴리니는 곧 두려움을 이기고 활기차게 활동을 했다. 실내 건축가로서의 본성이 그녀를 가만두지 않았다. 그녀는 자신의 공간을 보다 안락하게 '설계' 했다. 침대보를 깔아 잠자는 곳('침실')을 만들고, 식탁보를 깔아 먹는 곳('식당')을 만들고, 매트 한 장을 깔아 책 읽는 곳('거실')을 만들었다. 플렉시글라스에 종이 태양을 붙이고, 풀과 꽃, 과일, 빵, 참나무, 고양이를 그려서 오려붙였다. 또한 종이로 가짜 창문과 초승달, 달을 만들고 종이 레이스 커튼을 달아 "집 안을 비추게" 했다.

폴리니는 하루의 일정을 짜기 시작했다. 물론 '낮' 과 '밤' 의 길이는 전적으로 그녀의 결정에 달려 있었다. 그녀는 잠에서 깰 때마다 매번 혈압, 체온, 심장 박동수를 측정하고 소변을 채취해야 했다. 그리고 그 결과를 컴퓨터로 입력해 지상에 있는 팀원들에게 보냈다.

그다음에는 효모차를 만들었다. 그녀는 "태양에의 인사"라

고 이름 붙인 요가 운동을 해서 몸을 원활하게 했다. 아침을 만들어 먹은 후에는 책을 읽거나 그림을 그리거나 카드놀이를 하거나 기타를 연주했다.

점심을 먹은 후에는 운동과 독서를 하고 잠깐 눈을 붙인 후 다시 운동을 했다. 그녀는 유도, 태극권 또는 맨손체조를 했다. 운동이 싫을 때면 게으름을 몰아내기 위해 자신의 귀를 잡아당겼다. 마치 사람들이 졸음을 쫓으려 자기 뺨을 때리듯 말이다. 그러고 나서 저녁을 먹은 후에 다시 독서를 하고 졸음이 오면 잠자리에 들었다.

그런데 매일 졸음이 오는 시간이 조금씩 늦춰졌다. 바깥으로부터 한 줄기 빛도 들지 않으면서 폴리니의 뇌 속의 수면 각성 '시계'가 새로운 리듬을 만들어 낸 것이다. 하루가 24시간에서 25시간, 28시간 또는 그 이상으로 길어졌다. 1월에는 아침 6시에서 9시 사이에 일어났다. 몇 주 뒤에는 정오 무렵에 일어났고, 또다시 몇 주 후에는 저녁 8시에 일어나게 되었다. 이렇게 기나긴 '밤' 동안 그녀는 읽은 책에 대한 꿈을 꾸거나 별들 사이를 헤매는 꿈을 꾸었다.

때때로 또 다른 의학 실험을 진행했다. 뇌파 측정기의 전극을 자신의 머리에 붙이고 뇌파를 기록했다. 자신의 피를 뽑아서 응고방지제가 들

생체 시계

생체 시계는 우주비행사뿐만 아니라 모든 사람에게 중요하다. 조종사, 경찰, 의사, 트럭 운전사, 공장 노동자, 그리고 수험생은 남들이 일하지 않는 이상한 시간대에 일을 하거나 특히 아주 오랜 시간 동안 일을 한다. 그들이 제대로 성과를 내지 못하거나 실수나 사고가 잦다는 점에서 생체 리듬은 연구가 꼭 필요한 분야다.

어 있는 시험관에 넣었다. 과학자들은 동굴 천장에 뚫어 놓은 파이프를 통해 작은 유리병을 끌어올린 후에 호르몬과 혈액 세포 검사를 위해 여러 연구소에 보냈다. 그들은 나중에 칼슘 함량 분석을 위해 혈액 일부를 냉동시켰다.

폴리니는 또한 스스로 반응시간(어떤 자극에 반응이 일어날 때까지의 시간), 손가락 협응 능력(손가락으로 미세한 것을 잘 만드는 능력), 집중력에 대한 검사를 했다. 이 검사 중 일부는 공군, 해군, 또는 NASA에서 조종사를 검사할 때 써 오던 것이다.

한편 칼스배드의 시민들은 로스트 동굴 안에서 무슨 일이 벌어지고 있는지 궁금했다. 어느 날 12살 소년 제이슨 에스테스가 동굴 입구까지 걸어와 컴퓨터를 보게 해 달라고 말했다.

"과학자들은 내게 모든 것을 보여 주고 메시지를 전하고 싶은지 물었어요"라고 그는 13년 후에 기억했다.

소년은 1주일에 2~3번씩 이곳에 와서 폴리니와 컴퓨터로 채팅을 했다. 두 사람은 이탈리아와 미국에서 매일 일어나는 일들에 대해 이야기를 나누었다. "나는 채팅하는 동안 날짜나 시간을 말하지 않기 위해서 조심해야 했어요. 바깥이 낮인지 밤인지도 말하면 안 되었어요"라고 에스테스는 말했다.

여가 시간에 폴리니는 소년을 위해 색연필로 멋진 만화를 그려 두었다. 그녀는 이 그림을 혈액 표본을 담는 상자로 올려 보냈다.

때때로 폴리니는 거주지 바깥으로 나가 위쪽의 컴컴한 동굴

폴리니는 동굴을 훨씬 "화사한" 곳으로 만들기 위해 종이를 오려서 장식했다. 플렉시글라스 벽 너머에는 어둠, 바위, 그리고 동굴 동물들이 있을 뿐이다. 고립 실험이 끝난 뒤 과학자들이 그녀의 피를 뽑고 있다.

속을 탐험했다. 그러다가 때때로 동굴거미를 만나면 먹을 것을 주었다. 또한 두 마리 쥐와 친구가 되어 주세페와 니네타라는 이름까지 지어 주었다. 그녀는 쥐들에게 음식을 주고 헤엄칠 수 있게 접시에 물을 채우고 말을 걸었다.

"그러나 쥐와 토론을 하기는 힘들었어요. 그 녀석들은 제게 대꾸를 할 수가 없으므로 결과적으로 저는 항상 옳았기 때문입니다"라고 나중에 기자에게 말했다.

마침내 폴리니는 이 환경에서 평온을 찾았다. "내가 마치 동굴에서 태어난 것처럼 느껴졌어요. 그것이 제가 상상할 수 있는 유일한 삶이었습니다."

폴리니의 수면 각성 주기는 점점 더 불규칙해졌다. 그녀는 때때로 30시간 동안 깨어 있었다. 어느 날은 아침 6시 30분부터 이튿날 정오까지 잠들지 않았다. 그러고 나서 12시간 동안 잠을 자서 하루의 낮과 밤 주기는 24시간이 아니라 42시간이 되었다.

폴리니는 점점 시간을 가늠하기가 힘들어졌다. 14시간 동안의 수면이 2시간의 낮잠처럼 느껴졌다. 그녀는 오베르그 기자와 컴퓨터를 통해 7시간 30분 동안 인터뷰를 했는데, 이것이 그녀에게 1시간으로 여겨졌다.

그녀는 "이 안에서 시간의 통치자는 나예요. 몇 시인지 결정을 내가 하니까 나만의 하루를 계획할 수 있습니다. 나는 하고 싶은 모든 일을 할 시간을 가질 수 있어요."

하루 세끼를 먹는 '낮' 의 간격이 점점 벌어지면서 폴리니는 살이 빠지기 시작했다. 체중 감소를 느꼈지만 단지 평소보다 적게 먹기 때문이라고 생각했다. 실험이 끝날 때쯤 그녀의 체중은 11킬로그램이 빠져 40킬로그램밖에 되지 않았다. 급격한 체중 감소로 인해 생리가 중단되었다.

반면에 백혈구의 수치는 훨씬 높아졌다. 그리

우리의 두뇌에 있는 주시계(主時計)의 주기는 24시간이다. 정확히 24시간은 아니다. 그래서 빛과 눈으로 확인되는 정보를 통해 매일 조정해야 한다. 이런 실마리가 없어져 주시계가 점점 늦어지면 다른 생체 시계가 그들 자신의 속도로 가는 것을 멈출지도 모른다. 도와주지 않으면 신체 조직의 균형은 깨질 것이다.

고 생체 내의 세포를 자극하여 항바이러스성 단백질인 '인터페론'을 더 많이 만들어냈다. 하지만 많은 것이 항상 좋은 것은 아니다. 감염에 적절히 대항하기 위해서는 모든 면역 체계가 균형을 이루어야 한다.

비슷한 면역 체계의 이상이 우주비행사들에게서 관찰되었다. 그러나 우주비행사들에게는 희박한 중력, 꾸준한 방사능 노출, 오염된 공기, 고립된 생활과 비정상적인 시간 자극 등 여러 문제가 한데 얽혀 나타난다. 존 폴 스탭이 35세 때 밝혀낸 바에 따르면(9장), 우주비행사는 이륙과 착륙을 할 때의 스트레스도 이겨 내야 한다. 따라서 동굴 속에서의 실험은 우주선보다 견디기 쉽다. 동굴은 중력이 일정하게 유지되고, 방사선 노출량도 낮고, (우주선처럼 무시무시한 속도로) 도약하지 않기 때문이다.

폴리니는 허리 아래쪽의 척추가 칼슘을 비롯한 뼛속 미네랄의 부족으로 할머니처럼 약해졌다. 이것은 아마도 비타민 D가 부족해 일어났을 것이다. 비타민 D는 햇빛을 받으면 우리의 몸 안에서 스스로 만들어진다. 폴리니는 전혀 햇빛을 받지 못했다. 뼈가 상하는 것은 우주 과학자들이 신경쓰는 또 하나의 걱정거리다.

고립실험 이후 유증

그러면 그녀의 정신 상태는 어땠을까? 하나의 시간대에서 다른 시간대로 비행기 여행을 할 때 일어나는 단순한 시간축의 변화도 일주일간 멍한 상태가 되는데, 이를 '시차병' 이라고 부른다. 혼자 고립되는 실험을 자원한 사람들은 훨씬 더 큰 문제에 직면한다. 예를 들어 미셸 시프르라는 프랑스 지리학자는 1972년 텍사스의 미드나이트 동굴에서 6개월 넘게 보냈다. 거의 실험의 막바지에 이르렀을 때 그의 사고 능력과 손가락 기능 둘 다 현저하게 떨어졌다.

동굴이 아니라 아칸서스 대학의 한 건물 안에 고립된 채 실험 중이던 한 여성은 울음이 멈추지 않아서 병원에 실려 가기도 했다. 1978년 캘리포니아 데이비스 대학의 실험에 참가했던 한 자원자는 실험 한 달 뒤에 자살했다. 과학자들은 실험 참가자들이 체력과 성신이 준비가 되었는지 고립 실험 전에 주의 깊게 검사해야 한다는 결론을 내렸다.

폴리니는 실험을 시작하기 전에 검사를 통해 20명의 자원자 중에서 강인한 정신력으로 인해 선발되었다. 그녀가 참여한 실험은 이탈리아 안코나 대학에서 계획했다. 실험하는 동안 그녀는 기타를 치고 그림을 그리고 자신의 작은 세계를 꾸미면서 마음을 다스리기 위해 애썼다. 그러나 그녀의 평온한 마음이 흔들리기 시작했다. 실험을 위해 정신을 집중하기가 어려워졌

여성 중 동굴에서 가장 오래 지낸 기록을 세웠다는 소식을 컴퓨터 메시지를 통해 들었을 때 폴리니가 열광하는 모습을 그녀가 살던 작은 방의 카메라가 포착했다.

고 기억력에도 문제가 생겼다.

그녀는 오베르그 기자에게 "어떤 일을 1시간 전에 했는지 1달 전에 했는지 기억이 안 나요"라고 말했다.

감정의 기복도 심해졌다. 카메라에는 폴리니가 기뻐하고 웃다가 이내 화내고 슬퍼하는 모습이 찍혔다. 작은 문제도 아주 큰 문제처럼 대처했다. 그녀는 가끔 동굴이 자신을 원하지 않는 게 아닐까 생각이 들었다.

그녀는 일몰이나 일출, 미소 짓는 얼굴처럼 땅속 세계에서는 볼 수 없는 것들을 상상했다. 그녀는 감촉이나 냄새에 대한 기억을 잃어 버렸다. 그녀는 동굴을 떠나거나 친척들을 만나는 생생한 꿈을 꾸었다.

그러던 어느 날 마우리치오 몬탈비니의 메시지가 컴퓨터 화면에 떴다. 기다리고 있던 기자가 이 글을 기록했다. “스테파니아, 진짜 여행은 멈추지 않았어요. 그것은 끝이 없을 것입니다. 오늘은 1989년 5월 22일 6시 40분입니다. 당신은 131일 동안 고립되어 있었어요. 이제 고독한 곳으로의 여행에서 돌아와요.”

비디오 모니터에 폴리니는 당황한 모습이 찍혔다. 그녀가 손으로 턱을 괴고 컴퓨터를 들여다보았다. 그리고 “왜요?”라고 질문했다.

폴리니는 믿을 수가 없었다. 며칠이나 동굴에 있었는지 날짜를 계산해 보았다. 3월 14일이 아니었나? 아직 2달이나 남았는데. 그러나 바깥세상은 분명히 5월 22일이었다. 폴리니는 자신의 생각보다 두 배나 오랫동안 동굴에 있었던 것이다.

그녀는 마치 월요일 아침에 알람소리에 깨어난 것만 같았다고 한다. 이탈리아 연구팀이 차례로 그녀와 이야기를 나누었고, 자신이 목표를 달성했다는 사실을 알았을 때 그녀는 활짝 웃었다.

NASA 소속 의사 2명을 비롯해 여러 명의 과학자가 동굴로 내려와 그녀의 혈액 표본을 수집하고 다음 실험을 시작했다. 몬탈비니는 그동안 그녀의 경험과 다시 바깥 세계로 돌아오게 된 데에 대해 이야기를 나누려고 동굴로 내려왔다.

로마에서 온 텔레비전 방송국 직원들이 방송 장비를 설치했다. 기자와 카메라기자가 동굴 입구로 모여들었다. 칼스배드의 일상적인 풍경이 텔레비전 모니터에 나타났다.

폴리니가 동굴다람쥐가 사막에서 튀어나오듯이 동굴에서 올라왔다. 그녀는 창백하고 야위었지만 감격에 겨웠다. 섭씨 40도의 더위도 개의치 않는 듯 보였다. 그녀는 사람들에게 둘러싸여 행복했다. 사람의 체취가 달콤하게 느껴졌다. 그리고 컴퓨터 채팅으로 친구가 된 제이슨이 왔는지 물었다. 소년은 정말 와 있었다. 제이슨이 어머니가 골라 준 꽃다발을 건넸다. 폴리니는 소년을 껴안고 양 볼에 뽀뽀를 했다.

폴리니는 기자에게 실험이 그리 어렵지 않았다고 말했다. 그녀는 동굴에서 나온 다음 날 "나는 전에도, 지금도 그리고 앞으로도 아주 많이 생각할 거예요. 아마 더 외향적으로 변할 거예요. 내가 원하는 게 무엇인지 알았거든요. 이제 나 자신을 더 중요시하게 될 것 같아요. 나는 나 자신을 사랑해요. 결국에는 세상을 좀더 사랑하게 될 거예요."

그녀는 칼스배드에서 며칠을 더 보냈다. 그동안 도와준 시의 관리들을 만나 "그라치에 '고맙습니다' 라는 뜻"라는 인사를 전했다. 그리고 칼스배드 시의 명예시민으로 선정되었다. 그녀는 언론의 관심에 놀랐지만 "놀랍고 즐거운 일"이었다. 그녀는 오랫동안의 고립이 마치 "꿈"처럼 느껴진다면서 "동굴에서 행복하게 지냈어요. 지금도 역시 행복하구요"라고 덧붙였다.

그녀의 실험은 아직 끝나지 않았다. 그녀는 휴스턴에 있는

병원에 가서 종합검진을 더 받아야 했다. 그녀는 다시 빵을 먹었다. 그동안 음식이 제일 그리웠다. 그러나 생체 시계는 여전히 정상으로 돌아오지 않았다. 왜냐하면 그녀가 홍보를 위해 시차가 다른 원거리 여행을 시작했기 때문이다.

파리에서는 "만약 다시 제가 실험을 하게 된다면…… 거기서 감옥에 갇힌 죄수처럼 생각하지 않을 거예요. 절대로…… 절대로 말이에요"라고 기자에게 말했다.

그러나 이탈리아의 안코나에 있는 집으로 돌아왔을 때 실험의 후유증이 나타나기 시작했다. 생리가 8개월이나 중단되었다. 그리고 오랫동안 계속 집중하기가 힘들었다. 그녀는 심리치료를 받았다. 많은 것이 정상으로 돌아왔지만, 심장과 혈압 리듬은 몇 개월 동안 비정상적인 상태로 있었다. 마지막 실험은 그녀가 동굴을 떠난 지 1년 후에 행해졌다.

폴리니가 로스트 동굴에서 나온 지 8개월 후인 1990년에 이 실험에 참가한 자원자 한 사람이 자살을 했다. 32세의 프랑스 동굴 탐험가 베로니크 르 구앙은 스테파니아보다 5달 먼저 동굴로 들어갔는데, 수천 번 의학적 측정을 하며 111일 동안 머물렀다. 르 구앙은 동굴을 떠난 지 1년 만에 수면제 과다 복용으로 숨졌다.

르 구앙을 자살로 이끈 주요 원인은 그의 인생문제였지만, 폴리니는 이 뉴스를 심각하게 받아들였다. 그녀는 구앙보다 3주 더 동굴 안에 있었다.

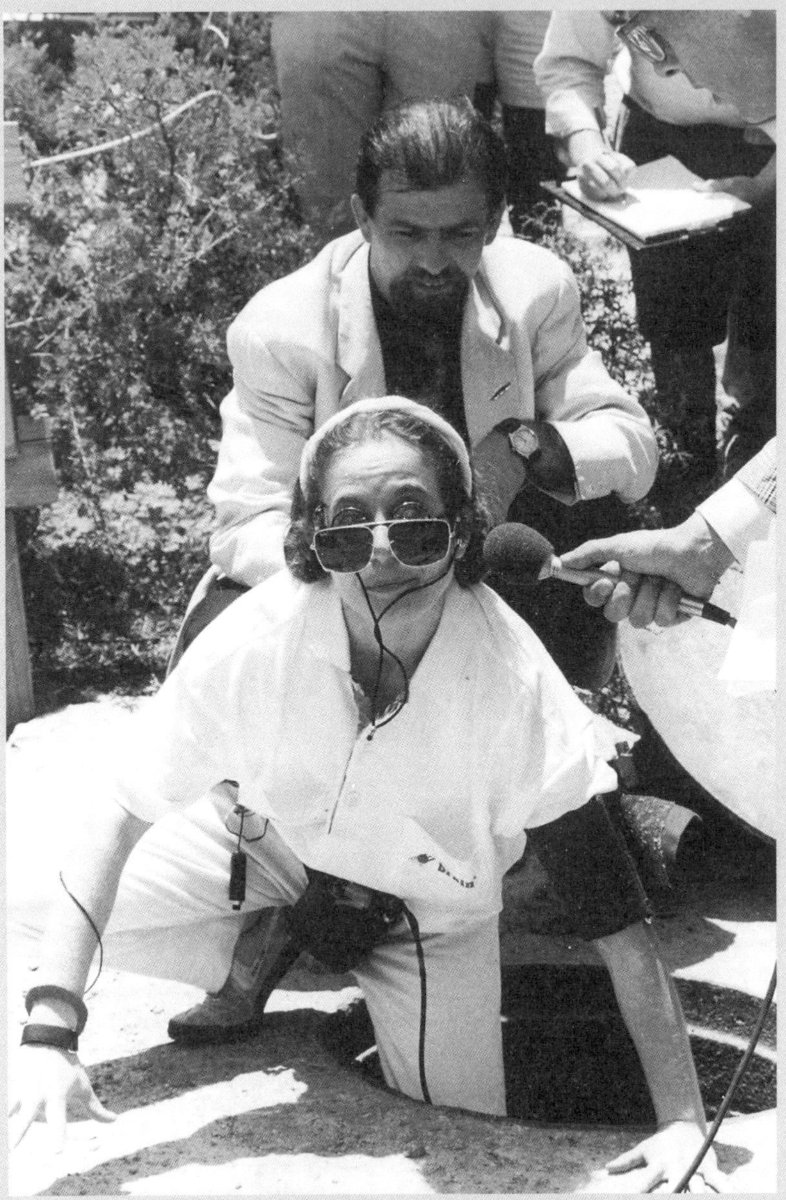

폴리니가 자신의 안경 위에 빌린 안경을 덧쓰고 로스트 동굴로부터 뉴멕시코의 밝은 햇빛 속으로 기어 나오고 있다. 실험의 책임자였던 마우리치오 몬탈비니가 그녀 뒤에 무릎 꿇고 있다.

"르 구앙이 죽었다는 소식을 들었을 때 아주 많이 괴로웠어요"라고 폴리니가 말했다.

폴리니는 자신의 실험에 대해 복잡한 감정을 갖고 있었다. 그녀는 기자들에게 "전에는 할 수 없다고 생각한 것을 이제는 할 수 있을 것 같아요……. 하지만 때때로 내가 이 세상에 존재하지 않는 것처럼 생각될 때가 있어요"라고 말했다.

폴리니의 실험은 원래 계획처럼 우주비행사의 고립 실험에 직접적인 도움이 되지는 않았다. 그렇다면 이 실험의 가치는 무엇이었을까? 과학자들은 혈액세포와 심장, 정신, 호르몬의 영향에 대해서 좀더 알게 되었다. 비정상적으로 수치가 높아졌다가 떨어지는 폴리니의 면역 체계는 아마도 생체리듬이 뒤죽박죽된 탓이었을 것이다.

과학자들은 이런 식으로 한발 한발 조금씩 앞으로 나아가고 있다. 오늘을 살아가는 우리들은 수백 년 동안 이렇게 쌓인 과학 지식의 혜택을 받고 있다. 예를 들어 고통, 알레르기, 감기, 심장병, 암에 대해 알게 되었고, 치료법도 해마다 조금씩 발전하고 있다. 그러나 아직 어떤 것도 완치되지 않았다.

우주생물학은 연구가 시작된 지 얼마 안 된 분야다. 우주비행사들이 화성이나 그 너머의 목적지에 가는 동안 심신을 온전하게 유지할 수 있을까? 심장박동을 정상적으로 유지하면서 감염을 막을 수 있을까? 시간이 해결해 줄 것이다.

이제는 알아요!

■■ 모든 생체 시계를 조절하는 주시계(主時計)는 우리의 뇌 속에 있다. 그것은 시상하부에 있는 초교차염체라고 하는 작은 세포 무리다(우리의 체온을 조절하는 부위로, 이 책의 1장에서 문제가 된 바로 그 부위다).

■■ 10대를 지나는 동안 우리 뇌의 '시계'는 느리게 흘러간다. 하루를 27시간 또는 30시간으로 자연스럽게 받아들이면서 실제 하루가 매우 짧게 인식되는 것이다. 그렇기 때문에 10대들은 밤에 늦게까지 깨어 있기를 좋아하고 다음 날 아침이면 좀비처럼 비실대는 것이다. 우리의 시계가 아침이라고 생각하지 않기 때문이다. 어떤 학교는 학생들의 효율적인 학습을 위해 수업을 아침 9시 이후에 시작하기도 한다.

■■ 생체시계는 동물이나 식물뿐만 아니라 효모의 세포에도 있다. 시간을 재는 세포에서 단백질 양의 수치가 올라갔다가 내려간다. 그것은 어떤 유전자를 작동하고 또 멈추게 하기도 한다(예를 들어, 시계, 기간, 시간 걸리지 않음, 그리고 두 배의 시간 등의 이름을 붙인다). 이것이 다른 단백질의 양을 증가하고 감소하게 한다. 시계를 가진 뇌세포가 신경섬유를 따라 다른 뇌세포와 샘(腺)으로 메시지를 전달하면 경계 태세를 취하

게 하거나, 체온을 올리거나, 호르몬을 생산한다.

■■ 동굴이나 건물 안에서 실시한 고립 실험에 참가한 자원자들은 기력이 떨어진다. 대부분의 연구자는 이것을 생체 시계의 문제라고 생각한다. 예를 들어 여성 자원자의 각성주기가 90시간까지 늘어나는 반면, 체온은 25시간을 주기로 오르내린다.

■■ 약물은 시간대에 따라 신체에 미치는 영향이 달라질 수 있다. 예를 들어 어떤 알약은 낮에 복용하면 좋고, 어떤 약은 잠잘 때에 복용하면 좋다.

■■ 몇 명의 동굴 고립 실험의 개척자들은 동굴에서 계속 실험을 했다. 폴리니를 관찰했던 마우리치오 몬탈비니는 1997년 10월 30일 45세의 나이에 11번째로 '시간초월' 실험을 하기 위해 동굴에 들어갔다. 그는 6개월 후에 동굴에서 나왔다. 그는 이 실험을 16년간 혼자 하거나 아내와 함께 했다. 동굴에서 가장 오래 보낸 기간은 366일이었다. 그가 일생 실험을 위해서 땅 밑에서 보낸 시간은 무려 962일이었다.

■■ 프랑스의 동굴 탐험가 미셸 시프르는 1999년 11월 30일에 한 동굴로 들어갔다. 그가 처음으로 땅 밑에 들어가는 실험을 한 지 37년 후였고 거기서 60세를 맞았다. 그는 동굴에서 새천년의 전야, 즉 2000년 1월 1일을 맞았다. 그러나 그의 생체 시계 '날짜'가 더 길어졌기 때문에 3일과 반나절이 지난 후였다.

- 맺음말
- 작가의말
- 연표
- 옮긴이의말

과학자의 자기 인체 실험에 대해 오랫동안 찬성과 반대 의견이 팽팽히 맞서고 있다. 반대 측의 과학자들은 너무나 위험한 실험에 사람들의 주목을 끌기 위해 자신의 몸을 이용한다고 말했다. 베르너 포르스만의 동료 의사들은 그의 심장 카테터 실험에 대해 "서커스 곡예"라고 비난을 했다. 또한 실험 결과를 정직하게 보고하지 않거나 과학자 자신의 잠재의식이 실험의 결과에 영향을 미칠 가능성이 있다고 염려한다. 그래서 실험의 초기 단계를 알지 못하고 어떤 실험을 받을지 전혀 모르는 사람들에게 실험하는 것이 낫다고 주장한다.

이런 이유로 과학자의 자기 인체 실험에 대해 지원하지 않는 국가나 정부기관도 있다. 그러나 자기 인체 실험은 수백 년 동안 실행되어 왔고, 또 아주 중요하다고 생각하는 사람들도 있다. 많은 의사들은 새로 개발된 약을 임상시험을 하기 전에 자신에게 시험해 본다. 문제점과 부작용을 미리 찾아내서 고치기 위함이다. 과학자들이 자신에게 실험을 해 보았다는 사실을 안다면 실험 참가자들도 훨씬 안심할 것이다.

또한 과학적 호기심을 참지 못하고 자신의 몸에 실험한 학자들은 늘 있었다. 일본의 유명한 의학자 후지타 고이치로는

1996년부터 자신의 몸속에 촌충을 키우고 있다. 자신의 장 속에 살고 있는 촌충이 알레르기를 억제한다는 사실을 밝혀내기 위해서다. 과학자들은 어떤 기생충들은 사람의 면역 체계에 오히려 도움이 된다는 사실을 알고 있다. 가난한 나라의 사람들은 때때로 기생충이 박멸된 후에 알레르기를 얻기도 한다. 고이치로는 아내와 학생들에게 '애완' 기생충을 키워 보라고 권유한다.

항공의학을 연구하는 과학자들에게는 자기 인체 실험이 유일한 선택이 될 때가 있다. 우주왕복선이나 우주정거장에는 수백 가지 실험에 필요한 참가자를 재우거나 먹일 음식도 공기도 충분하지 않기 때문이다. 과학자이기도 한 우주비행사들은 중력이 낮은 환경에서 미래 여행자들을 위해 설계된 대로 자신의 몸에 실험해야만 한다. 미국의 여성 우주인 섀넌 루시드는 러시아의 우주정거장 미르에서 6개월 동안 러시아의 우주인 유리 오뉴프리엔코, 유리 우사체프와 함께 생활했다. 세 과학자는 서로에게 항생제를 주사하고 혈액 표본을 채취했다. 루시드는 또한 하체 부근을 진공 상태로 만드는 러시아의 '특수 우주복' 을 입고 심장과 혈관 실험을 했다.

기니피그 과학자들은 자신의 호기심뿐만 아니라 다른 사람들을 위해 자신의 몸에 실험하고 있는 것이다. 그들은 인체 과학계의 용감한 '시험 비행사' 이다. 어느 때보다도 과학자들의 수가 늘어난 요즘은 새로운 자기 인체 실험 과학자들이 등장하고 있다. 세상에는 아직도 밝혀내야 할 문제와 알아야 할 이야기들이 여전히 많다.

작가의 말

■■ 이 책은 우연히 발견한 작은 두 개의 씨앗으로부터 시작되었다. 조지 포다이스의 뜨거운 방 실험에 대한 반쪽짜리 잡지 기사와 오래된 생물학 책에 실린 라차로 스팔란차니의 소화 실험에 관한 한 문장이 그것이다. 우리는 이것을 읽은 뒤에 궁금증을 참을 수 없었다. 포다이스와 친구들은 얼마나 뜨거운 열을 견뎌냈던 것일까? 스팔란차니는 이상한 '주머니'를 꾹 참고 어떻게 삼켰을까? 자신의 몸에 실험한 과학자들이 또 있었을까?

이러한 자기 인체 실험의 규모와 중요성을 알아내는 데 몇 년이 걸렸다. 처음에는 수많은 과학책과 역사책을 뒤졌지만 단서를 많이 찾을 수 없었다. 자기 인체 실험은 차례나 찾아보기에 거의 등장하지 않았다. 더 많은 자료를 확보하기 위해 위험을 무릅쓰고 화산 폭발, 상어, 눈사태를 연구한 과학자들의 이야기를 끼워 볼까 궁리하기도 했다. 하지만 진정한 '인간 기니피그', 곧 자신의 몸에 실험했던 과학자만을 다루기로 마음을 다잡았다.

그때 미공군 곡예 비행대대 '썬더버드'에 소속된 한 조종사가 존 폴 스탭 대위의 로켓썰매 실험을 일러 주었다. 우리의 독

일인 친구는 베르너 포르스만의 심장 카테터에 대해 말해 주었다. 우리는 다른 이야기들도 계속 찾아냈다. 그리고 자기 인체 실험을 과학자와 의학자가 수백 명에 달한다는 사실을 알게 되었다.

이 책을 위해 자세한 기록이 남아 있는 실험들 중에서도 아주 특별한 실험을 뽑아내기로 했다. 우리가 찾은 자료 중에는 1775년에 쓰인 논문도 있었다. 에스파냐어, 독일어, 프랑스어 등 다양한 언어로 된 책들은 번역해서 읽어야 했다.

최종적인 선택을 위해 우리는 다양한 요소를 고려하자고 생각했다. 여러분도 눈치 챘을 터이지만, 이 책에는 여성과 흑인, 황인종 과학자와 의학자들이 거의 등장하지 않는다. 우리가 찾아낸 기록들에 따르면, 자기 인체 실험을 한 과학자들은 거의 유럽 출신의 남성이었고 다른 인종이나 여성은 아주 소수였다. 과학 기록이 남아 있는 1500년대와 1600년대부터 실험을 진행한 과학자가 대부분 유럽 백인 남성이기 때문일 것이다. 당시에 과학 연구는 부유한 신사들이 여가 시간에 재미와 호기심을 위해 하던 취미였다.

물론, 이러한 불균형에 대해 교육 기회의 불평등, 여성의 직업선택 선호 경향과 기회, 자료의 부족 등 역사적인 근거로 설명할 수 있다. 어쨌든 과학 실험이 점차 전 세계로 퍼져 가고 있다는 사실만은 분명하다. 오늘날 과학은 취미라기보다는 국가의 지원을 받는 중요한 직업으로 생각되고 있다. 모든 국적과

인종, 성별의 사람들이 참여하고 있다. 그러나 요즘의 '인간 기니피그' 는 때때로 이름이나 사진도 없이 과학 논문에 숫자로만 실리고 있다. 그래서 개인에 대한 정보를 알아내기가 훨씬 더 어려워졌다.

이렇게 우리는 책에 실을 10가지 실험 이야기를 뽑았다. 우리의 바람처럼 다양하지는 않았지만 10가지 자기 인체 실험에 대한 자세한 설명과 그들의 발견, 그리고 과학자 개인의 이야기를 엮으려 노력했다. 그리고 앞에 실지 못한 과학자들의 자기 인체 실험은 부록의 연표에 실었다. 호기심 많은 독자들은 이것을 실마리로 우리가 놓친 흥미로운 이야기를 찾아낼 수 있을 것이다. 이 책에 실린 실험을 전부라고 말할 수는 없다. 지금도 매주 새로운 실험들이 전 세계에서 벌어지고 있으니까.

연표

이 책에 실린 이야기들이 과학에 대해 우리의 흥미를 돋울 것이다. 자신의 몸에 실험을 해 기니피그를 자청했던 과학자들은 믿을 수 없을 정도로 많다. 다음의 연표에는 앞에 실린 이야기들처럼 자세한 자료를 찾을 수 없었던 과학자들의 자기 인체 실험을 덧붙였다. 여러분은 많은 과학자들의 모험을 알게 될 것이고 더불어 자기 인체 실험이 세계사에서 어떻게 과학 발전을 이끌었는지 실감하게 될 것이다.

1543년 • 이탈리아 벨기에 태생의 의학자 안드레아스 베살리우스(1514~1564)는 자신의 책 『인체 구성에 대하여』에 인체 해부도를 삽화로 실었다. 그는 실제 인체를 해부함으로써 수백 년 동안 인체 해부학 지식이 잘못되었음을 밝혀냈다.

1500년대 • 이탈리아 의학자 산토리오 산토리오(1561~1636)가 자신의 몸무게, 먹은 음식, 배설물을 30년 동안이나 측정해 체중의 증가와 감소를 연구했다.

1609년 • 이탈리아 갈릴레오 갈릴레이(1564~1642)가 자신이 발명한 망원경으로 처음으로 하늘을 바라봤다.

1628년 • 영국 의학자이자 생리학자 윌리엄 하비(1578~1657)가 심장박동을 원동력으로 혈액이 온몸을 돌아다닌다는 사실을 밝힌 책 『동물의 심장과 혈액의 운동에 관한 해부학적 연구』를 발표했다.

1673년 • 네덜란드 박물학자 안톤 반 레이우엔훅(1632~1723)이 처음으로 단안 렌즈 현미경으로 박테리아, 원생동물, 미세 조류(藻類)를 발견했다.

1752년 • 프랑스 물리학자이자 동물학자 르네 레오뮈르(1683~1757)가 새에게 소화 실험을 시작했다.

1774년 • 영국 조지 포다이스와 친구들이 127도의 뜨거운 방에서 나타나는 신체 변화를 기록했다.

1776년 • 이탈리아 라차로 스팔란차니가 음식물을 채운 리넨 주머니와 나무 튜브를 삼켜서 잘 알려지지 않은 소화 과정을 연구했다.

1796년 • 영국 의학자 에드워드 제너(1749~1823)가 처음으로 백신을 접종하는

데 성공했다. 이 백신이 장차 천연두에 걸리지 않게 하기를 바랐다. 그의 바람은 이루어졌다.

1799년 • 영국 화학자 험프리 데이비(1778~1829)가 아산화질소를 자신의 몸에 실험해 보고 통증을 줄일 수 있음을 발견했다.

1842년 • 미국 내과 의사 크로포드 롱(1815~1878)이 처음으로 에테르를 마취제로 사용해 수술을 했다. 이 마취 수술은 기록으로 남지 않았다.

1844년 • 미국 호러스 웰스가 웃음가스(아산화질소)를 흡입한 후에 사랑니를 뽑았다. 그는 마취제를 의학적으로 최초로 사용했다고 주장하는 과학자 중 한 사람이다.

1846년 • 미국 윌리엄 머튼이 에테르를 흡입해 자신을 마취시킴으로써, 최초의 마취제 발명자 중 한 사람이 되었다.

1860년대 • 프랑스 화학자이자 미생물학자 루이 파스퇴르(1822~1895)가 음식물의 부패와 발효가 미생물 때문에 일어난다는 것을 밝히고, 저온살균법(우유와 와인 같이 고온에서 변질되기 쉬운 식품을 60~80도에서 가열하여 살균하는 방법)을 개발했다.

1865년 • 영국 외과의사 조지프 리스터(1827~1912)가 환부를 하수구 정화에 사용되던 페놀(석탄산)로 소독하고 의료진의 손과 의복, 수술도구 일체를 멸균 처리하는 무균수술법을 발명했다.

1876년 • 독일 미생물학자 로베르트 코흐(1843~1910)가 미생물이 탄저병을 일으킨다고 결론 내렸다. 또한 나중에 결핵의 병원체인 결핵균을 발견해 노벨상을 받았다.

1885년 • **프랑스** 루이 파스퇴르가 두 번째로 광견병 백신을 만드는 데 성공했다. 자신의 몸에 처음 실험할 계획이었으나, 대신 사나운 개에게 물린 소년 조제프에게 먼저 백신을 접종했다. 소년은 결국 살아남았다.

1895년 • **독일** 빌헬름 콘라트 뢴트겐(1845~1923)이 엑스선을 발견해 뼈와 신체 기관의 사진을 찍을 수 있었다.

1895년 • **영국** 존 홀데인이 일산화탄소가 많아질 경우 광부들의 생명이 위험해질 수 있음을 확인하기 위해 자신이 직접 흡입했다.

1900년 • **쿠바** 제시 러지어가 황열병에 대해 알아내기 위해 감염된 모기에 스스로 물렸다.

1900년 • **프랑스** 마리와 피에르 퀴리가 손에 상처를 입으면서 수년 동안 방사능 실험을 했다. 피에르 퀴리는 라듐 결정을 팔에 반창고로 붙여서 라듐이 병든 피부세포를 파괴한다는 사실을 발견했다.

1901년 • **쿠바** 황열병 위원회가 실험을 통해 모기가 황열병의 전염 매개체임을 밝혀냈다. 이후에 모기 박멸을 위해 전 세계가 대대적인 운동을 벌였다.

1903년 • **프랑스** 마리와 피에르 퀴리는 방사성 물질을 처음 발견한 공로로 앙리 베크렐(1852~1908)과 노벨 물리학상을 공동으로 수상했다. 베크렐은 우라늄 결정이 방사선을 방출하는 것을 우연히 발견했다.

1905년 • **프랑스** 로마의 법의학자 니콜라에 미노비치(1868~1941)가 자신의 목을 손가락이나 노끈으로 조임으로써 질식에 대한 생리학적 정보를 수집했다.

1906년 • **스코틀랜드**

13살의 잭 홀데인이 물이 줄줄 새는 어른용 잠수복을 입고 바다 속으로 뛰어들었다. 보다 안전한 잠수를 위해 실험을 하던 아버지를 위해서였다.

1911년 • **프랑스**

마리 퀴리가 두 번째 노벨상(화학 분야)을 받아 노벨상을 두 번 받은 유일한 여성이 되었다.

1912년 • **페루**

C. H. T. 타운센드가 밤에 모래파리에 물리면 카리온병에 걸릴 수 있다는 사실을 알아냈다.

1921년 • **폴란드**

헬레나 스패로우가 티푸스를 일으키는 미생물의 전파에 대해 알기 위해 기니피그로부터 병든 뇌 조직을 잘라내 자신의 피부밑에 주사했다. 티푸스는 열, 두통, 발진 등의 증상이 나타나고, 보통 이를 통해 사람에게 전염된다. 스패로우는 균이 약해서 자신에게 영향을 주지 못할 것이라고 생각했으나 병에 걸렸다.

1928년 • **영국**

세균학자 알렉산더 플레밍(1881~1955)이 전염병을 일으키는 세균을 죽이는 항생물질 페니실린을 최초로 발견했다.

1929년 • **독일**

베르너 포르스만이 여전히 신비에 쌓인 심장을 연구하고 치료하기 위해 고무 카테터를 팔 정맥으로 밀어 넣어 심장에 닿게 했다.

1930년 • **독일**

베르너 포르스만이 자신의 심장에 직접 카테터를 삽입한 수술에 대해 공개 강연을 했는데 사람들의 비웃음을 샀다.

1930년대 • **영국**

심장 전문의 토머스 루이스 경(1881~1945)과 류마티스 학자 조나스 켈그렌(1911~2002)이 소금물을 자신들의 뼈, 근육, 관절에 주입하고 척추에 바늘을 꽂아 움직이게 함으로써 복잡한 신경 경로를 연구했다.

1930, 1940년대 • **영국**

영양학자 엘시 위도슨(1908~2000)과 로버트 매캔스(1898~1993)가 60년 과학 공동연구의 일환으로 자신들의 몸에 미네랄을 주입하고 비정상적인 식이요법 실험을 수도 없이 시도했다. 예를 들어 당뇨병을 알기 위해 소금을 전혀 넣지 않은 음식을 먹었다. 이를 통해 당뇨병 환자들의 소변에 소금이 전혀 검출되지 않는다는 사실을 알아냈다. 또한 과도한 철분을 섭취했을 때 몸 밖으로 배출되는지 알아보는 실험을 했다.

1933년경 • **스위스**

내과 의사 자크 퐁토는 뱀독으로 만든 면역혈청을 자신의 몸에 접종했다. 그리고 면역이 생겼는지 확인하기 위해 3마리의 검은 살무사 3마리에게 물게 했다. 백신은 효력이 있었다.

1934년 • **이집트**

전염병 학자 소크라테스 라구다키(1863~1944)는 한센병 치료법을 찾아내기 위해 한센병 환자에게서 뽑은 혈액을 자신에게 3차례나 주사했다. 5달 동안 감염된 부위의 피부에 부스럼과 딱지가 생기고 감각이 없어지도록 둔 후에 치료약 주사 100대를 맞고 알약 1,000개 이상을 복용한 후에 거의 완치되었다.

1939년 • **영국**

잭 홀데인과 헬렌 스퍼웨이는 자신들이 물탱크 위에 떠 있는 동안 그리고 금속 실린더에 앉아 있는 동안 고압 기체를 들이마셨다.

1944년 • **미국**

내과 의사 클로드 발로우(1876~1968)가 주혈흡충병을 연구하려고 이집트부터 자신이 계속 연구할 수 있는 미국으로 주혈흡충을 가져가기 위해 그 기생충을 자기 팔과 배꼽 피부로 파고 들어가게 했다.

1947년 • **미국**

미공군의 군의관 존 폴 스탭이 항공의학 분야에서 실험을 시작했다.

1952년 • 미국 세균학자 알프레드 허시(1908~1997)와 마사 체이스(1927~2003)가 미생물에 침투하는 바이러스를 실험한 결과, DNA가 유전 정보를 전달하는 물질이라는 사실을 밝혀냈다.

1954년 • 미국 존 폴 스탭은 신체에 가해지는 감속의 영향을 연구하기 위해 뉴멕시코 사막을 시속 1,017km로 질주해 '세상에서 가장 빠른 사람'이 되었다.

1956년 • 스웨덴 베르너 포르스만이 심장 카테터를 개발한 공로로 앙드레 쿠르낭, 디킨슨 리처즈와 노벨 의학상을 공동 수상했다.

1962년 • 우주 우주비행사 존 H. 글렌 주니어(1921~)가 40세에 미국인 최초로 우주를 여행했다. 그는 우주선 프렌드쉽 7호를 타고 지구 궤도를 돌았다. 그보다 10달 앞서 소련의 우주비행사 유리 가가린이 우주비행을 해 세계 최초의 우주인이 되었다.

1968년 • 미국 수의사 로버트 로페즈가 사람이 애완 고양이에게서 기생충이 옮는지 알아보기 위해 고양이 귀에 기생하는 진드기를 자신의 귀에 3번이나 넣었다. 그 실험으로 전염된다는 사실을 밝혀냈다.

1969년 • 우주 미국의 우주비행사 닐 암스트롱과 에드윈 올드린이 처음으로 달 표면에 착륙하는 데 성공했다.

1980년 • 베트남 약초전문가 트란 쿠옹 단이 일부러 아편에 중독된 다음에 중독을 치료할 수 있는 약초를 알아내는 실험을 했다.

1984년 • 호주 의사이자 미생물학자 배리 마셜이 자신의 환자들에게 '치료 불가능한' 궤양을 일으키는 것으로 의심되는 박테리아 배양액을 꿀꺽 마

셨다. 이 실험으로 그는 위궤양의 치료법을 완전히 바꿔 버렸다. 이제 많은 사람들이 항생제를 먹어 위궤양을 치료할 수 있다.

1986년 • **아프리카** 프랑스 의학자 다니엘 자귀리가 자이르에서 시험 에이즈 백신을 자원자들과 자신의 몸에 접종해 안전성을 보여주려 했다. 이 백신은 우두 바이러스와 에이즈 바이러스의 단백질을 결합해 만들어졌다.

1989년 • **미국** 이탈리아 여성 스테파니아 폴리니가 뉴멕시코의 동굴로 기어 내려가 4달 동안 고립 실험과 혈액 실험을 시작했다.

1992년 • **우주** 우주비행사 메이 제미슨이 흑인 여성 최초로 우주에 발을 디뎠다. 우주왕복선 엔디버 호에 탑승한 8일 동안 제미슨과 기술엔지니어 잰 데이비스는 저중력 상태에서 체액의 재분배와 멀미를 제어하는 능력에 대한 실험을 자신들의 몸에 했다.

1992년 • **미국** 인지심리학자 스튜어트 앤스티스가 뇌의 적응 능력을 시험하기 위해 흑백이 역전되고 보색으로 변하게 하는(예를 들어 노란 계란 요리가 파란색으로 보임) 안경을 착용했다.

1996년 • **일본** 기생충학자 후지타 고이치로가 자신의 장 속에서 촌충을 3년이나 기르면서 촌충에서 알레르기 치료 물질을 찾아냈다.

1996년 • **우주** 미국의 여성 우주비행사 섀넌 루시드가 러시아 우주정거장 미르호에 188일을 머물렀다. 그동안 '특수 우주복'을 입고 자신의 순환계를 실험했다.

1996년 • **미국** 곤충학자 커크 비셔와 리처드 베터가 벌이 자신의 팔을 수십 차례 찌르게 했다. 실험 결과, 침을 제거하는 방법이 아니라 얼마나 빨리

제거하는지의 속도가 몸에 침투한 독을 최소화하는 방법임을 밝혀냈다. 벌침은 가능한 한 빨리 뽑아야 한다.

1997년 • **페루** 카리온병(바르토넬라증)이 페루에서 무서운 기세로 창궐하기 시작했다.

1997년 • **이탈리아** 마우리치오 몬탈비니가 11번째 고립 실험을 위해 동굴에 들어갔다. 이 실험으로 그가 지하에서 지낸 기간은 총 962일이 된다.

1999년 • **영국** 생물학자 아만다 레이놀즈가 모발이식 실험을 위해 남성의 두피세포를 자신의 팔에 옮겨 심었다.

2004년 • **미국** 병리학자 로이 월포드가 79세의 나이로 죽었다. 그는 적게 먹을수록 수명이 길어진다는 사실을 20년 동안 실험을 통해 밝혀냈다. 40년 동안의 연구를 통해 월포드와 동료들은 일부 실험동물에게서 이 사실을 증명했다. 사람에 대해서는 더 새로운 연구가 지금 진행 중이다. 월포드의 사망 원인은 신경계 이상으로 알려졌다. 아마도 1991년부터 1993년까지 애리조나 주 사막에서 외부세계와 차단된 가운데 8명의 남녀가 스스로 먹을 것을 재배해 생활하는 인공 생태계 '바이오스피어 2'에서 연구하는 동안 이산화탄소 중독에 걸린 때문으로 짐작된다.

옮긴이의 말

■■ 인체 실험이라는 말은 섬뜩하게 들린다. 나치가 유대인에게 가한 무시무시한 실험, 중국인과 독립운동에 참여한 한국인 마루타들에게 행한 일본 731부대의 잔인한 실험이 떠오르기 때문이다. 어떤 사람들은 제2차 세계대전 때 일제와 나치에 협력한 과학자들이 인체 실험을 한 결과 의학과 과학이 발전했다고 말하기도 한다. 설사 그들에게 인류를 구하겠다는 숭고한 목적이 조금이나마 있었다 할지라도 실험 대상자들의 자유의사를 무시한 채 비인간적이고 잔인한 방법을 통해 성과를 얻었다면 그것이 억울한 희생자들의 수천 배 되는 사람들을 구한다고 해도 가치가 없다고 본다.

그러나 만일 진리를 탐구하는 과학자 본인이 인류를 위해 자신의 몸에 실험을 한다면? 이 경우 문제는 달라진다. 심장병 치료방법을 찾기 위해 카테터 실험 대상이 되겠다고 자원한 간호사 게르다를 따돌리고 그 실험이 불러올 수 있는 위험과 고통을 혼자 감당한 독일 의사 포르스만이나 자신이 먼저 약초를 직접 먹어 가면서 효과와 위험성을 검증한 우리의 의학자 허준을 떠올려 보기 바란다. 그런 고통과 위험을 달게 견디며 자기 몸을 실험 대상으로 삼았던 이 과학자들이 기울인 노력 덕분에 우리는 오늘날 전염병에서 해방되었고 보다 안전하고 안락한 삶을 보장받게 된 것이다.

일제가 만든 731부대나 나치 통치 아래 과학자들이 관심을 가졌던 것은 인류 구원보다는 전쟁무기 개발이나 세균전을 효과적으로 치르는 방법이었으므로, 우연히 치료약을 개발했다 하더라도 자신을 실험 대상으로 삼은 이 과학자들의 위대함에는 감히 비교할 수조차 없다. 더러는 단순한 지적 호기심으로 자기 몸에 실험을 하는 사람들도 있는데, 이것도 궁극적으로는 타인을 희생시키지 않고 새로운 과학적 성과를 가져온다는 점에서 긍정적인 일이다.

오늘날 이 책에 나온 과학자들의 희생이 없었다면 우리에게 삶이란 지금보다 훨씬 견디기 어렵고 위험한, 모험의 길이 되었으리라고 본다. 인류에 대한 사랑으로 자신을 희생했던 과학자들의 이야기를 읽고 나니 혼자만 알고 있기에는 아까워 감히 번역에 뛰어들게 되었다. 원하는 만큼 매끄러운 우리말로 번역하지 못한 것이 안타까울 뿐이다. 이에 대해서는 여러분께서 많은 충고를 해 주실 것이라 믿는다.

단지, 부족하나마 번역자로서 욕심이 있다면 독자들 하나하나가 이 책에서 전하는 내용을 읽고 과학에 대한 탐구심을 키워 인류의 미래에 밝은 빛을 던지는 인물로 자라나는 것이다. 그래서 다음에 이 책의 개정판이 나올 때쯤에는 한국의 과학자 이름을 몇 명쯤 추가하기 위해 밤을 새며 번역할 수 있게 되는 것이다. 그렇게만 된다면 번역을 맡았던 나로서는 더없이 귀한 보답을 받는 셈이 될 테니 말이다.

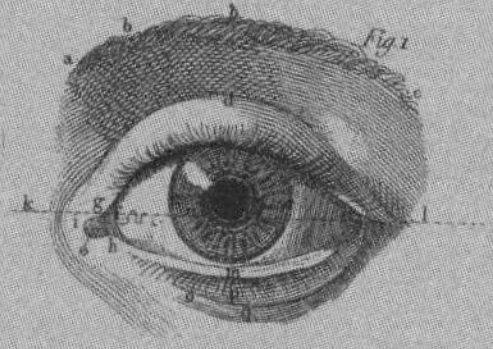
Fig.1

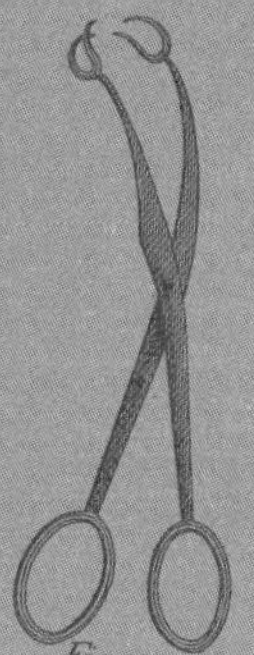

Fig. 12